KB062151

나는 아파트형공장 투자로
100억대 자산가가 되었다

꼬박꼬박 월급 받는
지식산업센터에 투자하라

나는
아파트형공장
투자로
100억대
자산가가
되었다

도정국·엄진성 지음 | 정창균 감수

일에일북

수익형 부동산 투자의 새로운 대안, 아파트형공장

부동산 투자야말로 당신을 부자로 만들어줄 수 있는 유일한 수단이다. 다양한 부동산 투자처 중에 가장 안정적이면서 빠른 속도로 당신의 부를 키워줄 투자 물건은 바로 '아파트형공장'이다. 아파트형공장 투자라는 것이 일반인에게는 다소 생소하게 들릴 수 있다. 그러나 아파트형공장에 대해서 조금만 공부를 하고 나면 '나 혼자'만 알고 투자하고 싶어질 것이다.

부동산 투자로 부자가 되길 원한다면 당신에게 필요한 것은 부동산에 대한 다양한 배경지식이 아닌 부동산 시장이라는 큰 물줄기의 흐름을 이해하는 일이다. 그런 다음 빠르게 판단하고 실행해야 한다. 오직 과감한 행동과 실천만이 당신의 꿈을 이루고 완성하게 해주기 때문이다.

어쩌면 당신의 마음속에는 부동산 투자에 대한 막연한 두려움이 아직 남아 있을 수 있다. 다른 사람들이 발 빠르게 움직여 돈을 벌 때 당신은 정보의 비대칭성으로 인해 투자 시장에서 소외되어 돈 벌 기회를 놓쳤을 것이다. 또한 우리나라 40대 중반들이 겪는 다양한 재무 문제들로 현재 상황을 벗어나지 못하고 여전히 똑같은 일상을 반복하고 있을 것이다.

나는 아파트형공장 투자가 당신의 자산과 인생을 바꿔놓는 투자가 될 것이라 자신한다. 아파트형공장은 안정적이면서도 꾸준한 수입을 만들어 노후에 대한 걱정을 덜어줄 것이다. 적어도 이 책을 통해서 부동산 시장의 변화를 읽어내고, 아파트형공장 투자를 결심하고 행동하길 바란다. 투자의 결실을 맺기 시작하면 앞으로의 삶은 멋지게 떠오르는 태양처럼 환하게 빛날 것이라 확신한다. 강조하지만 아파트형공장 투자야말로 당신의 꿈을 이루어주는 가장 훌륭한 도구다.

이 책은 수익형 부동산 투자의 새로운 대안인 아파트형공장에 대한 책이다. 아파트형공장 투자에 대한 이해를 돕고 직접 투자한 사례를 바탕으로 당신이 투자를 시작할 수 있도록 최대한 쉽게 설명했다.

최근 부동산 시장은 방향성이 없는 정책과 규제들로 혼돈의 시기를 겪고 있다. 2018년은 그 정점이라고 해도 과언이 아니다. 2017년 8·2 부동산 대책 이후 주택에 대한 규제는 더욱 심해졌다. 국토교통부장관 역시 "주택은 생활공간이지 더 이상 투자대상이 아니다"라고 말했다.

나 역시 주택이 더 이상 투기의 대상이 되지 않았으면 하는 바람이다.

나는 이러한 흐름을 미리 예측하고 수년간 아파트형공장에 투자해왔다. 아파트형공장으로 100억 자산을 만들기까지 그리 오랜 시간이 걸린 것은 아니다.

아파트형공장은 부동산 투자의 흐름을 통째로 바꾸는 새로운 투자 대안이다. 보유세 문제와 금리 인상 등의 이슈로 부동산의 규제가 심해지자 아파트에 투자하던 투자자와 갭투자자들은 매물을 시장에 던지기 시작했다. 상가와 토지 시장도 암울하기는 마찬가지다. 고가에 분양받은 상가는 유령상가라는 별칭을 가진 채 여전히 세입자를 구하지 못하고 있고, 토지 역시 마찬가지다.

부동산 시장의 히든카드는 바로 아파트형공장이다. 아파트형공장은 대출에 대한 규제 및 다주택자에 대한 규제 등 모든 규제를 피해가며 은행 레버리지를 일으켜 투자할 수 있는 부동산의 틈새시장이다.

얼마 전 산업단지공단의 발표에 따르면 아파트형공장의 투자를 일반인들도 쉽게 할 수 있도록 기회의 문을 열겠다는 기사가 나왔다. 구체적으로 논의가 되겠지만 2018년 하반기에서 2019년 초에는 일반인 투자자들에게도 국가산업단지와 지식산업단지(센터) 등 아파트형공장에 투자할 수 있는 기회가 열릴 것이다. 그동안 아파트와 오피스텔에 대한 규제로 투자에 대한 갈증을 느낀 사람들이라면 이제 아파트형공장에 주목해야 한다. 부동산으로 자산을 불리고 싶었던 사람들이라면 다른 투자처보다는 아파트형공장에 우선 투자하길 권한다.

이 책이 아파트형공장 투자에 대한 이해를 돕고, 당신이 경제적 자유를 완성해나가는 데 큰 발판이 되길 바란다.

당신이 알아야 할 아파트형공장의 모든 것

CHAPTER 03

사람들은 아파트형공장에 어떻게 투자할까?

CHAPTER 04

당신의 아파트형공장에 투자하라

아파트형공장 투자로 월 억 수입에 도전하라

나는 아파트형공장으로 100억대 자산가가 되었다

"지금 어떤 형태의 부동산에 투자하고 싶은가?"라는 질문에 당신은 어떤 대답을 하고 싶은가?

나는 과거에도 그랬고 현재, 그리고 앞으로도 자신 있게 '아파트형공장'이라고 대답하고 싶다. 만약 아파트형공장에 투자하지 않았다면 '목욕탕 때밀이 출신 100억 자산가'라는 타이틀은 얻을 수 없었을 것이다. 또한 지금처럼 마음대로 사랑하는 사람들과 전 세계로 여행을 다니고 돈에 구애받지 않는 편안한 생활을 할 수 없었을 것이다. 나에게 이 모든 일이 가능하도록 경제적 자유를 안겨준 것은 바로 아파트형공장 투자다.

물론 누구나 쉽게 할 수 있는 아파트나 오피스텔에 투자했어도 소소한 수익을 얻을 수 있었을 것이다. 그러나 아파트형공장 투자라는 선택은 나의 인생을 송두리째 바꿔놓았다.

월500프로젝트를 시작하다

평소에 가깝게 지내던 친구에게 어느 날 전화 한 통을 받았다. 날씨도 좋으니 오랜만에 가족들과 함께 근처 캠핑장에 가자는 전화였다. 당시 계측기 사업체를 운영하고 있었던 나는 잠시 머뭇거리다가 "그래, 좋아"라고 답했다. 가자고는 했지만 사실 속마음은 그렇게 편하지 않았다. 조그마한 사업체를 운영하며 매월 매출과 직원들의 월급 걱정으로 하루하루를 보내고 있었기 때문이다.

만약 일을 하루라도 쉬게 되면 매출에 바로 문제가 생겼기 때문에 늘 회사를 지켜야만 했다. 일반 직장인들은 주말이면 산과 바다로 놀러 다니고 꼬박꼬박 안정적인 월급을 받으며 생활하지만, 나는 모든 것을 스스로 만들고 직원들의 생계까지 책임져야만 했다. 누가 월급을 주는 것이 아니기 때문에 사업을 반드시 성공시켜야만 했고, 나를 믿고 있는 가족과 직원들을 생각하며 열심히 일해야만 했다.

그러던 와중에 받은 친구의 전화 한 통이 인생을 바꾸는 계기가 될 줄은 꿈에도 몰랐다.

경기도 가평 산속에 위치한 공기 좋은 캠핑장에 짐을 풀었다. 저녁이 되자 모닥불을 지펴놓고 친구와 소주 한잔을 기울이며 두런두런 이야기를 나눴다. 대부분 사업에 관한 이야기였다. 술자리가 무르익던 그즈음에 친구 녀석이 대뜸 "나 월500프로젝트 완성했어"라고 말했다.

"월500프로젝트?" 나는 '월500프로젝트'가 무엇인지 한 번에 알아듣지 못했다. IT회사에서 월급쟁이로 일하고 있는 친구였기에 컴퓨터 프로그램에 관해 이야기하는 것으로 생각했기 때문이다. 그러자 친구가 말했다. "아파트형공장에 투자했는데 한 달에 500만 원씩 돈이 들어와. 그래서 한 달에 2주만 일하고 2주는 거의 애들 데리고 여기저기 놀러 다니고 있거든. 일단 마음이 편하니 회사도 즐거운 마음으로 다니게 되네. 친구인 너에게 처음 이야기한다."

순간 머릿속이 하얗게 변했다. 그리고 정신이 번쩍 들었다. 당시 사업을 하고 있던 나는 늘 직장생활을 하고 있는 친구를 오히려 안타깝게 생각했고, "월급 받는 사람보다는 월급 주는 사람이 더 낫지 않느냐"는 말도 자주 했다. 언젠가는 자기 사업을 해야 한다고 늘 강조해왔던 자신이 갑자기 부끄러워졌다.

부끄러움이 사라지자 한편으로는 친구에게 서운한 마음도 들었다. 돈 되는 정보를 처음부터 알려주지, 왜 혼자서 '월500프로젝트'를 완성하고 나서야 이야기해주나 싶었다. 조금이라도 일찍 알려줬다면 나도 조금 더 일찍 부자가 될 수 있었을 텐데 말이다. 어쨌든 흥분한 마음을 가라앉히고 최대한 아무렇지 않은 듯이 대꾸했다. "야, 그게 말이 되냐, 그런 게 어디 있냐? 그렇게 월 500씩 받으면 아무나 다 하지 왜 안 하고 있겠냐." 이렇게 말을 던져놓고 투덜거렸다. 물론 당시에는 부러움 반 원망 반의 감정을 담아서 한 말이었다.

친구는 소주 한 잔을 비우고 나서 월500프로젝트에 대해 이야기하기 시작했다. 친구는 사람들이 쉽게 생각하는 아파트나 빌라, 오피스텔이 아닌 '아파트형공장'에 각각 1억 원 정도 투자했다. 한곳에서 150만 원, 다른 곳에서 160만 원의 임대료를 받으며 다시 투자를 반복하는 방법으로 3억 원 정도의 금액을 투자해 월 500만 원의 현금흐름을 만들었다는 것이다. 게다가 아파트형공장은 대출 한도가 높은 편이라서 대출 (레버리지)을 이용하기 좋다고 했다. 투자 수익률 또한 다른 부동산 물건에 비해 높은 편이라서 원하는 경우에는 원금회수도 매우 빠르다고 덧붙였다.

나는 "친구야, 그거 엄청 위험한 거야. 한 3개월만 공실 생기면 금방 무너져. 앞으로 부동산 가격은 하락할 거야. 그리고 금리 올라가면 끝장이야. 그렇게 투자하면 안 돼, 너무 위험해"라고 진심 어린 걱정의 말을 건넸다. 그러나 시간이 얼마 지나지 않아 친구에게 했던 조언은 모두 틀렸다는 사실을 스스로 깨닫게 되었다. '경험하지 않은 자'의 편에 서서 남들과 똑같이 경험하지 않은 이야기를 친구에게 건넸던 것이다.

경제적 자유를 위한 아파트형공장 투자

나는 친구의 '월500프로젝트'를 달성하는 가장 빠른 방법이 아파트형 공장 투자라는 사실을 깨달았고 바로 실천에 옮겼다. 그 후 열심히 투자 물건을 찾아다녔고 아파트형공장에 관한 내용이라면 열심히 자료를 수집했다. 결국 지금은 아파트와 아파트형공장을 합해 총 30여 채가 넘는 부동산을 소유하고 있고, 일반 직장인들의 1년치 연봉에 해당하는 임대료를 받고 있는 100억대 자산가가 되었다.

내가 친구에게 걱정 어린 이야기를 하면서 속으로 부러워했던 것처럼 당신의 주변에도 당신의 부동산 투자를 걱정해주는 사람들이 많을 것이다. 특히 당신과 가장 가까운 사람들이 더욱 걱정할 것이다. 당신이 이러한 걱정에 귀를 기울인다면 평생 부자가 되는 꿈을 이루지 못할 것이다. 필요한 것은 걱정이 아닌 결단력이다.

나는 부동산 투자 중에서 아파트형공장 투자가 가장 수익률이 높은 투자이자, 안전하게 꾸준히 임대료를 받으면서 지가 상승까지 기대할 수 있는 최고의 투자라고 생각한다. 내가 직접 경험했고 앞으로 성장 가능성이 무궁무진하다. 투자를 망설이고 있는 당신도 아파트형공장 투자를 시작으로 경제적 자유를 완성할 수 있다고 나는 확신한다. 당장 아파트형공장 물건을 찾아다니길 바란다. 당신보다 꿈이 더 크고 열정이 가득한 사람이 먼저 차지하기 전에 움직여라. 머뭇거리면 늦는다.

나는 지금까지 투자해온 아파트나 오피스텔보다 훨씬 안정적이며 고수익을 안겨주는 아파트형공장을 많은 사람들에게 알려주기로 마음먹었다. 무일푼에서 시작한 나의 투자 경험담이 간절히 부자가 되기를 꿈꾸는 사람들에게 희망이 되길 바란다. 아무것도 모르고 성질만 급한 나도 해냈기에 당신도 충분히 할 수 있다고 믿는다.

나는 몇십억 원짜리 빌딩을 사는 방법은 알려주지 못한다. 그러나 소액으로 투자해서 월 100만~200만 원 정도의 꾸준한 현금흐름을 만드는 현실적인 방법은 알려줄 수 있다. 앞으로 이 책에서 이야기할 아파트형공장 투자를 통해 더욱 많은 사람들이 경제적 자유를 얻어 행복한 삶을 살아가길 바란다.

· · ·

"얼마든지 나를 따라 해도 좋다. 아직 늦지 않았다.

다만 중간에 포기하지 마라. 꿈을 이뤄 당신에게 선물하라."

아파트형공장이란 무엇인가?

"도대체 '아파트'를 사라는 거야? '공장'을 사라는 거야?"

이런 질문을 하는 부동산 초보 투자자도 있을 수 있다. 아파트형공장은 우리가 흔히 생각하는 오래된 공장의 개념이 절대 아니다. 아파트형공장은 기업들이 특정한 단지 내에 입주해 서로 시너지를 내며 생산 및 제조할 수 있도록 시스템을 갖춰놓은 업무 단지를 말한다. 서울의 구로디지털단지나 가산디지털단지를 떠올리면 이해가 쉽다. 과거의 케케묵은 모습의 공장이 아닌 현대적인 사무공간이라고 생각하면 된다.

얼마 전부터 지식산업단지(센터)와 국가산업단지 분양에 대한 광고가 쏟아져 나오고 있는데, 이것이 바로 아파트형공장이다. 그동안 상가와 아파트 분양을 주로 하던 부동산 컨설턴트들도 이제는 아파트형공장이 대세라는 것을 실감한 듯 아파트형공장 분양시장에 불나방처럼 몰려들고 있다.

지식산업센터(구 아파트형공장)

동일 건축물에 제조업, 지식산업 및 정보통신산업을 영위하는 자와 지원 시설이 복합적으로 입주할 수 있는 다층형(3층 이상) 집합건축물로서 6개 이상의 공장이 입주할 수 있는 건축물

(출처: 국토교통부 국토교통용어사전)

아파트형공장이라는 명칭은 얼마 전 지식산업센터로 바뀌었다. 하지만 아직까지는 대부분의 지역에서 여전히 아파트형공장이라는 용어를 사용하고 있다. 사실 '공장'이라는 단어 자체가 주는 어감이 조금은 불편하다는 사람들도 있다. 편의상 이 책에서는 지식산업센터로 표기하기보다는 아파트형공장이라는 용어를 사용하도록 하겠다.

월등한 수익률을 자랑하는 아파트형공장

내가 아파트형공장 투자를 시작할 당시에만 해도 아파트형공장 투자에 대한 방법도 관련 정보도 찾기 어려웠다. 직접 발품을 팔아야만 했다. 정보가 없으면 직접 부딪쳐가며 눈으로 보고 판단하는 것이 가장 빠른 길이라고 생각하고 움직이기 시작했다.

우선 가까운 중개사무소에서 추천해준 아파트형공장에 무작정 찾아갔다. 특별한 정보나 설명 없이 광명에 있는 아파트형공장의 건물들과

주변을 한 바퀴 둘러보았다. 이 정도 수준이면 웬만한 오피스텔이나 아파트에 투자하는 것보다 아파트형공장에 투자하는 것이 좋겠다는 생각이 들었다. 교통과 편의시설, 주변 상권만 보아도 아파트형공장의 안정성과 성장 가능성을 예상할 수 있었기 때문이다.

아파트형공장 투자 수익률을 눈으로 확인하고 나서는 나의 의심이 확신으로 바뀌었다. 지금까지 봐왔던 부동산 투자의 수익률과는 차원이 달랐다. 당시 아파트형공장의 투자 수익률은 적게는 15%에서 많게는 20%였다. 당시에는 '어떻게 이런 높은 수익률이 가능하지?'라고 계속 생각하면서 눈을 의심할 수밖에 없었다. 아파트형공장이 어떤 것인지도 모르는 상태였으니 당연한 반응이었다.

수익률이 높다는 것은 투자원금을 회수하는 데 걸리는 시간이 빨라진다는 것이다. 즉 부자가 되는 속도가 매우 단축된다는 것을 의미한다. 그때까지 부동산 투자라고 하면 오피스텔 투자와 소형아파트 갭 투자만 생각했는데, 아파트형공장에 대해 알고 나서는 더 이상 다른 투자 물건은 눈에 들어오지 않았다.

나는 아파트형공장을 직접 눈으로 보고 수익률을 직접 확인해본 결과 아파트형공장만 한 좋은 투자처는 없다고 판단했다. 아파트형공장에 어떻게 투자해야 하는지, 아파트형공장의 투자 수익률은 어느 정도인지, 나름의 투자원칙을 세우고 나서 본격적으로 투자 물건을 찾아 나섰다. 자신이 투자하려는 물건에 확신을 갖기 위해서는 직접 부딪쳐봐야 한다. 당신만의 투자를 위해 당장 움직여라.

· · ·

"아파트형공장은 전에 없던 새로운 투자처가 아니다.

당신이 모르고 있었을 뿐이다. 지금 당장 투자를 시작해라."

왜 지금 아파트형공장에 투자해야 하는가?

높은 수익률과 상대적으로 쉬운 대출로 투자자들에게 주목받고 있는 아파트형공장 투자. 앞으로의 부동산 투자는 반드시 아파트형공장 중심으로 해야 한다. 그렇다면 왜 지금 아파트형공장에 투자해야 하는가? 여기에서 4가지 이유를 알아보자.

1— 아파트형공장 투자가 일반인에게 허용되다

최근 정부에서 청년 일자리 창출과 창업의 기회를 제공하기 위해서 산업단지 내 지식산업단지(센터)에 대한 일반인 임대투자를 허용했다. 이제는 아파트형공장 투자가 아파트나 오피스텔 투자처럼 일반인도 누구나 쉽게 투자할 수 있는 대상으로 바뀌었다는 의미다.

여기에서 말하는 아파트형공장 투자는 새로운 개념의 투자 방식이 아니다. 다만 지금까지 많은 사람들이 모르고 있고 또한 들어본 적이 없기 때문에 생소할 뿐이다. 아파트형공장은 실제 기업이 입주해 상주하면서 영업활동을 하도록 만들어진 복합건물이다. 기업들이 사옥으로 쓰고 있기 때문에 아파트형공장 대부분의 매물은 사람들에게 잘 알려져 있지 않았다.

또한 일반인이 소유하거나 임대하기 위해서는 약간 까다로운 제약 조건도 존재한다. 예를 들어 사업자를 가지고 있어야 하며 실제 해당 건물에 입주해 생산활동을 해야 한다는 등의 조건이다. 특히 국가 산업단지 내에 해당하는 물건의 경우에는 산업단지공단에서 실사를 해 실제로 입주해서 영업활동을 하는지 확인한다.

아파트형공장에 입주하려면 여러 가지 절차를 밟아야 하고 충족시켜야 하는 조건이 있었기 때문에 그동안 일반인이 쉽게 투자할 수 있는 대상은 아니었다. 그러나 이제 국가산업단지 내 아파트형공장 물건에 일반인이 투자할 수 있도록 닫혀 있던 문을 활짝 개방했다. 일반인의 산업단지 내 아파트형공장 투자를 통해 청년들과 사업을 하고자 하는 이들에게 질 좋고 쾌적한 업무환경을 주변보다 저렴한 임대료와 관리비로 사용하도록 해 창업과 지역경제 활성화를 유도하고 있다.

그뿐만 아니라 지식산업단지와 국가산업단지 내 아파트형공장 투자가 일반인에게 허용됨으로써 꾸준한 수요가 확보되었고, 지가 상승으로 인한 시세 차익까지 기대할 수 있다.

2— 아파트형공장에서 주거가 가능해진다

이제 아파트형공장에서 주거도 가능해진다. 산업통상자원부는 2018년 3월 22일 발표에서 산업단지 내 지식산업센터에 주거용 오피스텔 입주를 허용했다.

대부분의 산업단지가 도심에서 약간 떨어져 있고 교통이 불편해 출퇴근이 어려우므로 교통 여건을 개선해달라는 요구가 있었다. 이에 대한 해결방안으로 청년 근로자들이 주거할 수 있도록 아파트형공장 내 오피스텔 입주가 가능하도록 정책화한 것이다.

2018년 기준 우리나라에는 27개의 국가산업단지가 있다. 국가산업단지를 기본으로 기타 국가산업단지 및 지식산업단지(센터), 그리고 그 주변 지역에까지 오피스텔 입주를 허용하고 청년들의 창업과 거주가 가능하도록 계획하고 있다. 말 그대로 아파트형공장 중심으로 주거시설이 마련되어 완벽한 경제생활권을 형성하겠다는 의미다.

아파트형공장 내 오피스텔이 들어오면 퇴근 후에도 유동인구가 많아지며 해당 지역에서 소비가 이루어진다. 그렇기 때문에 지역경제가 활성화되고 늘어나는 수요로 안정적인 임대수입을 확보할 수 있다. 변화하는 정책에서도 알 수 있듯이, 공실이 계속 늘어나고 있는 기타 부동산과는 다르게 사람이 계속 모이고 있고 더욱 활성화되도록 국가에서 환경을 조성하고 있는 곳이 바로 아파트형공장이다.

3—아파트형공장 투자는 수익률이 높다

아파트형공장 투자는 다른 부동산 투자에 비해서 수익률이 2~3배가량 높다. 아파트나 상가, 오피스텔 투자에 비해 매월 받은 임대료를 비교했을 때 아파트형공장의 수익률이 높다는 것이다. 대부분의 사람들이 부동산 투자를 결심하고 소액으로 투자할 수 있는 물건을 찾을 때 대출을 활용한다. 대출을 받아 투자한다면 당연히 대출이자를 고려해야 하고, 결국 투자 수익률이 높은 부동산을 선택해야 한다.

현재 강화된 부동산 규제에 따르면 주택담보대출 1건 이상 되어 있는 사람의 경우 적용되는 DTI(총부채상환비율)는 30~40%다. 또 투기과열지구와 투기지역, 그리고 조정대상지역 여부에 따라 LTV와 DTI 규제 비율이 달라진다. 결론적으로 대출 한도가 큰 폭으로 줄어들었다.

금리 상승에 따라 대출이자도 계속 올라가고 있어 대출을 끼고 부동산 투자를 한다면 원하는 수익률을 만들기 더욱 어렵다. 그러나 아파트형공장의 경우 대출은 담보가치의 80%까지 가능하기 때문에 소액으로 투자해 매월 꾸준한 임대수입을 만들 수 있다.

예를 들어 오피스텔 한 채의 분양가격이 2억 원 정도라고 가정하면 아파트형공장 한 칸의 분양가격은 3억~4억 원대 정도다. 일단 분양가가 높기 때문에 일반인 소액 투자자들이 투자에 부담을 느낄 수밖에 없다. 그러나 아파트형공장은 오피스텔에 비해 담보가치가 높기 때문에 대출이 80%나 가능하다. 따라서 실제 투자금을 놓고 비교해보면 각 1억 원

주택구입 목적 시 지역별 LTV·DTI 비율(고가주택 기준 이하 주택 구입 시)

구분		투기과열지구 및 투기지역		조정대상지역		조정대상지역 외 수도권	
		LTV	DTI	LTV	DTI	LTV	DTI
서민 실수요자		50%	50%	70%	60%	70%	60%
무주택 가구		40%	40%	60%	50%	70%	60%
1주택 보유가구	원칙	0%	–	0%	–	60%	50%
	예외	40%	40%	60%	50%	60%	50%
2주택 이상 보유가구		0%	–	0%	–	60%	50%

* 질병 치료 등 불가피성이 인정되는 주택구입 목적 외 주택담보대출에 대해서는 투기과열지구 및 투기지역의 강화된 LTV·DTI 적용 예외를 인정(LTV 50%, DTI 50%)
* 이주비, 중도금 대출에는 DTI 적용 배제

조정대상지역
서울 25개구, 경기(과천, 성남, 고양, 남양주, 동탄2, 구리, 안양 동안구, 광교택지개발지구), 부산(해운대, 부산진, 동래, 연제, 수영, 남구), 세종

투기과열지구
서울 25개구, 경기(과천, 성남 분당구, 광명, 하남), 세종, 대구 수성구

투기지역
서울(강남, 강서, 강동, 서초, 성동, 용산, 송파, 마포, 노원, 양천, 영등포, 종로, 동대문, 동작, 중구), 세종

(출처: 국토교통부, 2018)

정도로 오피스텔과 아파트형공장의 투자금액 차이는 거의 없다.

이렇게 투자금은 비슷한데 자산가치와 레버리지 금액을 비교해보고 월 임대수입을 계산해보면 아파트형공장의 임대료가 오피스텔의 2배 정도라고 보면 된다. 동일한 투자금으로 안정적이고 꾸준한 수익률을 만들 수 있는 아파트형공장에 투자하자.

4—아파트형공장 투자는 자산가치를 높인다

주식은 소액으로도 투자할 수 있는 데다 최근에는 스마트폰으로도 쉽게 거래할 수 있어 투자의 진입장벽이 낮다. 그러다 보니 소액이라면 부동산보다 주식에 투자하는 게 좋을 것 같다는 사람들이 있다. 정말 그럴까? 나는 주식 투자와 부동산 투자의 가장 큰 차이점을 깨닫는 데 상당히 오랜 시간이 걸렸다.

집 앞에 있는 마트에 가서 쉽게 구입할 수 있는 생필품들의 가격은 매년 오른다. 물가가 상승하는 것은 곧 화폐가치가 하락한다는 의미다. 화폐가치가 하락하기 때문에 화폐를 가지고 있기보다는 실물자산을 구입해야 한다는 것은 누구나 알고 있다. 실물자산은 주식, 펀드, 금, 부동산 등 그 종류가 다양하다.

나는 오직 부동산에만 투자해왔고 그중에서도 아파트형공장 투자로 지금까지 상당한 자산을 형성했다. 그 과정에서 아파트형공장에 투자할수록 '위로 올라가면 경쟁자가 사라진다'는 것을 느껴왔다. 부동산 투자를 처음 하는 사람이 1억 원짜리 아파트 한 채를 구입한다고 가정해보자. 큰돈을 투자하는 것이기 때문에 투자를 상당히 부담스럽게 느끼는 사람이 있을 것이다. 그런데 한편으로는 1억 원 정도 금액의 아파트는 마음만 먹으면 대출을 해서라도 투자할 수 있기 때문에 진입장벽이 낮은 편이다.

물론 주식 투자보다는 부동산 투자가 진입장벽이 높다. 게다가 부동산 투자를 제대로 하기도 전에 '현금화가 되지 않거나 월세가 나가지 않으면 어떻게 하나' 하는 걱정부터 앞서기도 한다. 부동산 투자의 막연한 두려움을 극복해야만 아파트형공장 부자가 될 수 있다.

나는 투자금액이 1억 원에서 2억 원이 되고, 2억 원에서 4억 원이 되는 순간부터 경쟁자들이 하나둘 사라지는 것을 느꼈다. 부동산 투자시장의 진입장벽이 높아지는 순간이다. 처음에는 부동산이라는 진입장벽에 겁을 먹고 시도조차 하지 않았지만, 아파트형공장을 구입함으로써 스스로 진입장벽을 세우게 되었다. 구입한 부동산이 진입장벽을 만들어주고 시간이 지나면 가치가 오르면서 그 장벽의 높이는 높아진다. 심지어는 진입장벽을 더 높게 만들어주겠다며 은행과 중개사무소에서 매번 전화가 걸려온다.

부동산이 결국 당신의 자산을 만들어주고 키워주고 지켜준다는 사실을 명심하기 바란다. 당신이 믿지 못하겠다면 속는 셈 치고 이 책을 그대로 따라 해보길 바란다. 100억 원대 부동산 자산을 가진 나와 당신의 유일한 차이는 행동했느냐 하지 않았느냐다. 당신이 진입장벽 아래에서 멍하니 쳐다보는 사람이 아닌 부동산 투자를 통해 스스로의 진입장벽을 세우는 사람이 되길 진심으로 바란다.

· · ·

"앞으로의 부동산 투자의 방향은 아파트도 오피스텔도 아니다.
아파트형공장 투자가 가장 안정적이며 꾸준한 임대수입을 보장할 것이다."

나의 첫 아파트형공장 투자

부동산 투자에서 가장 중요한 것은 실천이다. 아무리 좋은 정보와 지식을 가지고 있다 하더라도 행동으로 옮기는 실천이 없으면 아무런 행동을 하지 않은 것과 같은 결과를 가져다준다. 아파트형공장 투자는 매우 단순하다. 물건을 매입하고 임대를 줘서 매월 현금흐름을 만들면 된다. 아파트나 오피스텔을 구입해서 월세를 받는 것과 크게 다를 바 없다.

P타워2차에서의 첫 투자

나는 2013년 6월 21일에 P타워2차에 나온 아파트형공장 물건을 구매했다. 당시 매매가는 2억 8천만 원이었다. 평당 시세를 확인해보니 상당히 저평가되어 있다고 생각되었다. 또한 공실이 없기로 소문난 지역임에도 사정상 아파트형공장을 급매로 내놓은 상황이었다.

나와 오랫동안 신뢰를 가지고 좋은 관계를 유지하고 있는 중개사무소에서 연락이 왔다. 임차인은 상당히 안정적으로 운영 중인 회사이고, 보증금 1,800만 원에 월세 180만 원 정도였다. 앞에서 이야기했듯이 아파트형공장을 구입할 때는 최대한 대출을 받을 수 있다. 70%에서 많게는 80%까지 가능하기 때문에 최대한 대출이라는 레버리지를 일으켜서 구매했다. 대출을 최대한 받고 보증금 1,800만 원을 포함시켜 계산해보니 5천만 원도 안 되는 돈으로 아파트형공장 한 채를 구입한 셈이었다. 매월 대출이자 약 60만 원을 제외하고도 월 120만 원 이상 꼬박꼬박 현금이 들어오는 시스템이 완성되었다.

아파트형공장은 우리가 알고 있는 아파트나 오피스텔처럼 입주해 있는 임차인이 관리비를 납부한다. 강남의 경우 관리비가 평당 3만 원대 수준인 데 비해 아파트형공장의 관리비는 평당 6천 원 수준이다.

관리비를 임차인이 납부하니 아파트형공장을 소유한 임대인 입장에서는 부수적으로 투입되는 비용이 없기 때문에 골치 아플 일이 없다. 또한 아파트형공장에 입주해 있는 일반적인 기업들의 경우 꾸준한 영업활동으로 매출이 발생하기 때문에 임대료를 밀리는 일이 거의 없다. 세입자 관리를 철저하게 해야 수익률이 관리되는 오피스텔에 투자했을 때처럼 손이 많이 가는 투자는 아니라는 것이다. 아파트형공장 투자는 임차인(세입자) 걱정에서 상대적으로 자유로운 부동산 투자의 형태다.

보유와 매도를 통한 수익 실현

나는 해당 아파트형공장 물건을 오랫동안 보유하고 있었지만 2017년에 매도를 하기로 결심했다. 당시 매도가격은 3억 3,500만 원 정도였다. 그동안 어느 정도 수익을 달성했을까? 꼬박꼬박 들어오는 임대료로 대출이자를 제외하고도 매월 120만 원씩 모았다. 4년간 모인 돈은 5,760만 원이다. 그 후 아파트형공장을 매도했기 때문에 시세차익으로 5,500만 원 정도를 얻을 수 있었다.

불과 4년이라는 시간 동안 1억 원이 넘는 돈을 매월 받은 임대료와 시세차익으로 얻은 것이다. 내가 투자한 금액은 앞에서도 이야기했듯이 5천만 원 정도다.

아파트형공장 투자는 어려운 것이 아니다. 지금 당장 투자를 시작하는 것이 가장 빠른 길이다. 나는 수익률 계산이나 대출이자 계산을 크게 신경 쓰지 않는다. 과감하게 실행하는 것을 선호하는 성격이지, 꼼꼼하게 따지고 들여다보는 성격은 아니다. 그래서 주변에 전문가를 두고 계산을 맡기고 세금을 확인한다.

내가 해야 할 단 한 가지의 일은 오직 '선택'이다. 선택을 하고 나면 나머지 뒷일을 도와주고 해결해줄 사람은 얼마든지 있다. 당신도 머뭇거리지 말고 선택하길 바란다. 당신의 인생을 바꿔줄 엄청난 행운과 기회가 당신을 기다리고 있다.

나는 독자들에게 무조건 아파트형공장을 빨리 매입해서 빨리 부자가 되라는 소리는 하지 않겠다. 하나하나 자신의 상황에 맞춰서 천천히 진행하더라도 결코 늦지 않는다. 부동산을 하나씩 늘려가는 것이 중요하다. 무리하게 대출을 받아서 하는 갭투자는 절대 도움이 되지 않는다. 자신이 모은 금융자산의 일부를 대출이라는 레버리지를 통해 수익률을 최대한으로 키우고 이렇게 해서 발생한 현금흐름을 재투자를 위한 발판으로 삼아라.

· · ·

"부동산 투자에서 필요한 것은 지식이 아니라 행동하는 결심이다.
지금 당장 결심한 것을 행동으로 옮기면 성공할 수 있다."

아파트형공장 투자의 5가지 원칙

나는 아파트형공장에 투자할 때 항상 12개월 분 임대료에서 두 달치의 임대료는 제외하고 생각하는 편이다. 두 달치의 임대료는 각종 세금과 혹시 모를 공실에 대한 대비, 대출금리 인상에 대한 예비비로 준비해놓는 것이다. 이렇듯 아파트형공장에 투자할 때는 나름의 원칙이 필요하다. 여기에서 5가지 원칙을 알아보자.

1―부동산 투자는 아파트형공장 투자로 시작하라

부동산 투자를 시작할 때는 반드시 현금 자산의 규모와 투자 목적을 분명히 해야 한다. 현재의 재무상황과 목돈을 언제 어떻게 활용할 것인지에 대한 구체적인 계획이 없으면 투자는 무조건 실패하게 되어 있다.

부동산 가격이 올랐을 때 팔지 못하고 내렸을 때 과감하게 매수하지 못하기 때문이다.

최근에 부동산 재테크 분야에서 소형빌딩에 투자하는 것이 상당한 인기를 끌었다. 서점에는 꼬마빌딩이라고 하는 소형빌딩 투자에 관한 책이 넘쳐나고 있다. 그러나 나는 소형빌딩을 하나도 가지고 있지 않다. 앞으로도 관심 밖의 투자대상이다. 왜냐하면 아파트형공장만 한 투자 물건은 없기 때문이다. 소형빌딩을 구매하는 금액보다 훨씬 적은 금액으로 더욱 많은 수익을 올릴 수 있으며 높은 수익률이 보장되는데 다른 물건에 투자할 이유가 있을까?

소형빌딩 매입은 일반인이 쉽게 따라 하기 어려운 것이 사실이다. 책에 나오는 그럴듯한 이야기에 솔깃하게 되고 다 좋은 이야기 같지만, 정작 자신이 실천하지 못하고 따라 하지 못하면 아무런 의미가 없다고 생각해서 추천하지 않는다. 30억 원 이상 되는 소형빌딩을 구입하기 위한 종잣돈도 터무니없이 많고, 돈을 모아 매입했다고 하더라도 투자금 대비 매월 받는 임대료가 아파트형공장에 비해 훨씬 적다. 또한 덩치가 작은 소형빌딩이라고 하더라도 나중에 매매를 하기도 쉽지 않다.

부동산의 최대 맹점은 환금성이다. 앞에서 부동산 시장은 위로 올라갈수록 경쟁자들이 사라진다고 했다. 매수할 때는 경쟁자가 없어서 좋지만 매도할 때는 매수자가 없어서 쉽게 팔리지 않는 경우가 많다는 이야기다. 가로수길로 유명한 서울 압구정만 해도 현재 1층조차 공실로 텅텅 비어 있는 빌딩들이 늘어나고 있다. 부동산 관계자는 이렇게까지 공실이 많은 것은 처음이라면서 혀를 내두른다.

부동산은 항상 팔 때를 생각하며 구입해야 한다. 팔고 싶을 때 쉽게 팔리지 않는다면 돈이 그대로 묶이게 된다. 게다가 대출까지 최대로 받아놓은 상황이라면 더욱 힘들어질 것이다. 그런 이유로 나는 소형빌딩이 아닌 환금성과 수익성, 그리고 안정성이 확인된 아파트형공장에 투자한다.

부동산 투자를 시작할 수 있는 최소한의 자금이 준비되었다면 아파트나 오피스텔에 투자하기 전에 가장 먼저 아파트형공장에 투자하길 바란다. 가장 높은 수익률을 만들어주는 투자 물건에 가장 먼저 투자하고 매월 발생하는 높은 임대료를 바탕으로 또 다른 현금 자산이나 부동산 자산을 만들어가야 한다. 그래야만 당신의 소중한 시간을 절약할 수 있다.

2—반드시 가장 오래된 지역을 우선 선택해라

아파트형공장에서 가장 오래된 지역은 국가산업단지다. 국가는 서울 핵심도심에서 약간 떨어진 곳에 산업단지를 조성해 무역과 수출, 그리고 생산과 영업활동을 할 수 있는 공간을 제공했다. 국가에서 책임을 지고 완성한 산업단지이기 때문에 분양가가 상대적으로 저렴하다. 또한 오랫동안 국가에서 관리해온 지역이기 때문에 입주기업들의 매출

현황도 우수한 편이다.

　또한 오래된 아파트형공장 주변에는 음식점, 백화점, 호텔 등 편의시설이 구비되어 있으며 주변에 아파트와 오피스텔이 충분히 들어서 있어 생활여건 역시 다른 아파트형공장에 비해 잘 조성되어 있다. 따라서 일반 건설업체에서 분양을 하는 물건들보다는 국가산업단지에서 오랫동안 꾸준히 관리해온 아파트형공장의 경우 임대수요나 관리적인 측면에서 상당히 유리하다고 할 수 있다.

　아직 상권이 형성되지 않은 지역의 아파트형공장은 기업이 입주하는 데까지 상당한 시간이 소요될 수 있다. 또한 한두 기업의 입주가 확정되었더라도 아파트형공장 건물 전체 분양이 언제 완료될지, 그 수요가 얼마나 될지 미지수다. 따라서 아파트형공장에 투자할 때는 가장 오래된 산업단지에서 시작하는 것이 좋다.

3—1층 로비에서 입주 현황을 확인해라

아파트는 몇 동 몇 호에 누가 사는지, 해당 아파트에 공실이 얼마나 있는지 확인하기 어렵다. 오피스텔도 마찬가지다. 그러나 아파트형공장이라면 아주 간단하게 공실을 확인할 수 있는 방법이 있다. 건물 1층 로비에 입주 현황이 표시되어 있기 때문이다. 건물 로비에는 아파트형공장에 입주해 있는 회사들의 이름이 적혀 있기 때문에 입주 현황을 쉽게 파악할 수 있다. 반대로 이야기하면 해당 건물의 공실 현황도 한눈에 파악할 수 있다는 말이다.

아파트형공장을 살펴볼 때는 몇 가지 확인해야 할 사항이 있다. 해당 건물에 사람들이 북적대고 있는지, 엘리베이터가 몇 개 설치되어 있고 엘리베이터를 이용해 이동하는 사람들이 얼마나 많은지 확인해야 한다. 출퇴근 시간이 아니어도 꾸준하게 엘리베이터로 오고 가는 사람들이 많은 경우에는 건물의 한 회사가 나가더라도 금세 새로운 세입자를 채워 넣을 수 있다.

주차장에서 입출차 현황을 살펴보는 것도 아파트형공장 물건을 선택할 때 도움이 된다. 입출차가 편하고 택배회사차량이나 큰 화물차량의 화물적재 및 하차가 용이하도록 되어 있는 아파트형공장을 선택해야 나중에 다시 매도할 때도 유리하다.

아파트형공장의 공실률은 다른 부동산에 비해 상당히 낮은 편이다. 여기서 이야기하고 싶은 것은 공실이 없는 아파트형공장을 선택하라는 것이 아니다. 투자가치와 임대수요가 충분한 곳을 선택하기 위해서는 유동인구를 파악하는 것이 무엇보다 중요하다는 것이다. 건물에 들락거리는 유동인구의 숫자와 주변 시설, 그리고 인접해 있는 도로를 살펴봐야 한다. 여러 가지 조건을 모두 고려한 상황에서 건물 1층에 있는 입주 현황을 확인하면 거의 예측한 내용과 딱 맞아 떨어지는 것을 알 수 있을 것이다. 반면에 한산하고 사람이 들락거리지 않고 차량 이동도

거의 없는 아파트형공장에 직접 가보면 건물 1층에 들어가자마자 입주
현황이 듬성듬성 비어 있음을 확인할 수 있다.

4— 대출을 받았다면 대출 원금을 조금씩 갚아나가라

수중에 돈이 있을 때 돈을 갚아야 한다. 부동산 투자를 할 때 자신이 가
지고 있는 모든 돈으로 투자하는 사람은 거의 없다. 돈이 있어도 일부
러 대출을 받아서 투자를 하고 나머지 돈은 혹시 모를 상황에 대비해서
현금으로 가지고 있는 경우가 많다. 이런 이유로 투자를 할 때는 대출
을 활용하는 것이다.

아파트형공장에 투자할 때 만약 대출을 받아서 투자했다면 반드시
매월 들어오는 임대료에서 일정 금액은 조금씩이라도 대출을 상환해야
한다. 최근 미국이 금리를 인상함에 따라 우리나라의 금리 인상이 예견
되어 있는 상황에서는 특히 대출이자만 상환하면 안 된다. 반드시 대출
이자와 원금을 함께 상환해야 한다. 1년 이후에는 변동금리를 적용하
기 때문에 은행에서 더욱 높은 이자비용을 요구할 것이다. 매년 높은
이자비용만 지불하고 대출 원금은 그대로 둘 것인가? 가능하면 틈틈이
원금과 이자를 같이 상환하는 계획을 세워야 한다. 이렇게 해야만 나중
에 은행에서 대출 연장을 하거나 추가 대출을 받을 때 유리한 입장에서
대출을 받을 수 있다.

물론 들어오는 임대료에서 대출이자만 내고 원금을 갚지 않는다면 현재의 투자 수익률은 높을 수 있다. 대출을 최대한 활용했기 때문에 수치상 수익률은 높게 나온다. 그러나 매월 들어오는 임대료로 원금과 이자를 조금씩이라도 줄여간다면 또 다른 투자를 조금이라도 빨리 시작하게 된다.

이런 식으로 대출을 조금씩 줄여가는 동시에 아파트형공장 투자 물건을 하나씩 늘려간다면 당신은 일반 직장인들의 연봉에 해당하는 임대료 수입을 만들어갈 수 있다.

5─렌트프리를 하더라도 임대료는 깎아주지 마라

아파트형공장에 투자하고 나서 임대를 놓았다고 가정해보자. 한 기업체에서 해당 물건에 입주하려고 할 때 임대료를 조금만 깎아달라고 요청할 수도 있다. 특히 경기가 좋지 않을 때는 한 푼이 아쉽기 때문에 이러한 요구를 하는 기업체들이 많다. 이런 경우에 초보 투자자들은 임대료를 20만~30만 원 깎아주기도 한다. 나는 임대료를 깎아주기보다는 차라리 한두 달 임대료를 면제해주는 '렌트프리'를 하는 것이 더 유리하다고 생각한다.

처음에 임대료를 낮춰서 계약하게 되면 기본 수익률이 엄청나게 하락한다. 예를 들어 한 달에 임대료 30만 원을 할인해주면 1년에 360만 원이나 할인해주는 셈이다. 이렇게 임대료를 할인해주기보다는 한두 달 동안 무료로 사무실을 사용할 수 있도록 렌트프리를 해주는 편이 낫다. 입주하는 기업 입장에서는 초기 비용 부담이 줄어들어 좋고, 사무실 임대계약을 갱신할 때도 오히려 편하다. 한번 임대료를 낮춰서 임차인을 받게 되면 매년 임대료가 상승하는 것이 아니라 매년 하락하게 되는 악순환을 스스로 만드는 것이다.

아파트형공장을 매입하고 나서 혹시나 세입자가 구해지지 않는다면 렌트프리를 제공해보자. 임대료를 깎아주고 당장 임차인을 구하는 것도 좋지만 장기적으로 봤을 때는 상당히 미련하고 어리석은 행동이다. 임대료를 깎아서 수익률은 낮추고 임차인에게 끌려다니기보다는 과감하게 렌트프리를 제공해 임차인의 초기 비용을 줄여주어 신뢰를 형성한 후에 꾸준히 안정적인 임대료를 받는 편이 좋다.

· · ·

"아파트형공장 투자는 부동산 투자 시 가장 먼저 선택해야 하는 투자다.
안정성과 수익성을 모두 얻을 수 있는 것은 아파트형공장뿐이다."

CHAPTER 02

당신이
알아야 할
아파트형공장의
모든 것

아파트형공장의 과거와 현재

경제가 성장하면서 우리가 살고 있는 도시는 끊임없는 구조적 변화와 성장을 거듭한다. 도심은 과거의 낡고 어두컴컴한 잔재물을 모두 치우고 있다. 미래지향적이며 심플하고 새로운 콘셉트로 도심과 건물을 채워가고 있다. 이러한 과정에서 도시에 있던 다양한 제조업 공장의 규모와 형태는 시대의 흐름에 맞춰 변화해야 했다.

경제가 선진국형으로 발전하면서 산업혁명기의 주력산업이었던 제조업은 경쟁력을 잃었다. 안타까운 사실이지만 제조업이 몰락하는 모습을 우리는 바로 옆에서 목격하고 있다. 낮은 부가가치와 환경에 대한 이슈 등으로 제조업은 도시에서 점점 사라져간다. 제조업이 아닌 완전히 새로운 산업으로 탈바꿈하고 있는 선진국의 도시를 보면서, 우리나라에서도 일어날 변화를 꿈꾸고 기대하는 것은 자연스러운 일이다.

도심에서 거주하는 사람들을 생각해보자. 이들은 공장보다는 현대식

시설을 갖춘 오피스형 빌딩에서 일하기를 선호하고, 제조업보다는 서비스나 지식산업 분야에 종사하는 것을 선호한다. 또한 과거의 전통적인 제조업 형태로는 대도시의 높은 임대료를 감당할 만한 부가가치를 창출하기 어려워졌으며, 제조업에 필요한 인력을 구하기조차 어렵다. 역사상 최고의 스펙을 자랑하는 청년들은 일자리가 없다고 하고, 사업주들은 인재를 구하지 못해 안달이다. 이런 이유로 도심에 자리 잡았던 공장들은 인건비와 땅값이 저렴한 국내외 새로운 장소로 이전을 모색하고 있다.

국가적 차원에서 기업들의 이러한 움직임을 최소화하고 지역의 균형개발, 그리고 제조업과 지식산업의 조화를 이루기 위해 탄생한 것이 바로 아파트형공장이다. 경제성장의 핵심인 일자리를 도심에 머물게 하기 위해 최신 시설과 설비로 우수 인력을 채용하고, 뛰어난 기술력으로 발전시켜 새로운 경제를 만들어가는 것이다.

클러스터와 아파트형공장

아파트형공장이라는 명칭은 약간 생소하게 들리겠지만 '클러스터'라는 단어는 언론을 통해서 한 번쯤은 들어봤을 것이다. 몇 년 전까지만 해도 지식과 정보가 교류되고 혁신이 창출될 수 있는 산업공간으로서 클러스터가 많은 주목을 받았다. 클러스터는 동종 또는 관련 업종들을 모

아두고 대학이나 연구기관들과 지식과 정보를 교류함으로써 높은 부가
가치를 창출하는 지리적 집중체라고 할 수 있다.

클러스터의 전형이라고 할 수 있는 미국 실리콘밸리의 예에서 찾아
볼 수 있듯이, 다양한 산업들이 연계된 경쟁력 있는 클러스터를 보유한
지역은 뛰어난 경제적 성과를 내고 있다. 이를 본받아 일본, 싱가포르,
타이완, 홍콩 등 아시아의 대도시 및 선진국 역시 도심 내의 제조업 입
지를 지원하는 수단으로 아파트형공장을 건립해왔다.

세계 최초의 아파트형공장

세계 최초의 아파트형공장은 오래된 공업도시인 네덜란드 로테르담에
서 시작되었다. 1942년 우스트찌디크(Oostzeedijk) 지구와 1947년 굿스
싱겔(Goudsesingel) 지구에 소기업 집단화 사업으로 상공회의소가 건설
한 것이었다. 1955년에는 로테르담 시내를 통과하는 마스강 남부 쥐드
(zuid) 지구에 민간 아파트형공장이 조성되었다. 이어서 대규모 아파트
형공장 단지는 1956년 영국의 버킹검에서 도심부 재개발지역을 위해
처음 도입했다.

이러한 아파트형공장을 건설하게 된 동기는 앞서 이야기한 것처럼
도심의 쇠퇴를 방지하고 입지환경을 개선하기 위해서다. 아파트형공장
이라고 해서 과거의 오래되고 케케묵은 환경을 떠올렸다면 큰 오산이

1940~1950년대 굿스싱겔 지구의 아파트형공장(© 2018 Post-war reconstruction Community Rotterdam)

다. 아파트형공장은 최신 시설과 설비로 주거와 업무가 가능한 공간이며, 새로운 비즈니스가 무궁무진하게 일어나는 곳으로 탄생했다. 건물의 외부 모습뿐만 아니라 건물 내부의 사무공간에 대한 변화도 최신 트렌드에 맞춰 적용되었다.

결국 아파트형공장은 도심에서 가까운 장소에 가능한 한 고층으로 건축됨으로써 토지비용을 크게 줄이고 제조업에 종사하는 기업체에 비교적 낮은 비용으로 공간을 제공하기 위한 목적을 가지고 있다. 그뿐만 아니라 건물을 현대식으로 건축함으로써 과거의 공장보다 효율적인 환경과 시설을 제공해 종사자의 업무 능률을 높이고 있다.

이렇게 아파트형공장의 건설은 국가 정책의 일환으로 도시 안에서 제조업이 일할 수 있는 충분한 공간을 공급함으로써 도시와 지역의 경제를 활성화시키는 데 크게 기여할 것이라는 기대를 받았다. 아파트형공장의 정착과 성공은 대도시에서 문제가 되고 있는 공간부족 문제를 해결해주는 유일한 방법이다. 시간이 지나면서 아파트형공장의 대다수를 차지하고 있던 일반 제조업의 형태가 다가오는 4차 산업혁명 시대를 대비하는 지식산업으로 변화하는 것은 상당히 자연스러운 모습일 것이다.

변화하는 아파트형공장

2010년 4월 12일 이후 「산업집적 활성화 및 공장설립에 관한 법률 시행령」 개정에 따라 아파트형공장은 지식산업센터로 명칭이 변경되었다. 그 후 대기업이나 관련 계열사 등도 대거 아파트형공장에 입주하며 '공장'에서 '지식산업센터'로 긍정적인 이미지를 구축해왔다.

지식산업센터(구 아파트형공장)

동일 건축물에 제조업, 지식산업 및 정보통신산업을 영위하는 자와 지원시설이 복합적으로 입주할 수 있는 다층형(3층 이상) 집합건축물로서 6개 이상의 공장이 입주할 수 있는 건축물을 말한다.

지식산업센터는 아파트형공장에 정보통신산업 등 첨단산업의 입주가 증가하는 현실을 반영하여 기존 아파트형공장을 지식산업센터로 명칭을 변경하고, 제조업 외에 지식산업 및 정보통신산업 등을 영위하는 자와 기업

지원시설이 복합적으로 입주하는 건축물로 재정의된 것이다.

지식산업센터에 입주할 수 있는 시설은 다음과 같다.

① 제조업, 지식기반산업, 정보통신산업, 그 밖에 특정 산업의 집단화와

지역경제의 발전을 위하여 산업단지관리기관 또는 시장·군수·구청장이

인정하는 사업을 운영하기 위한 시설

② 벤처기업을 운영하기 위한 시설

③ 그 밖에 입주업체의 생산활동을 지원하기 위한 시설로서 금융·보험업

시설, 기숙사, 근린생활시설 등의 시설

(출처: 국토교통부 국토교통용어사전)

이는 토지 이용의 공동과 관리운영의 효율화 등을 위한 목적으로 공업용지가 부족한 국가에서 활성화된 전략이다. 그러다 보니 아파트형 공장 건물은 바닥면적의 합계가 건축면적의 300% 이상 되어야 한다는 조건이 있다. 바닥면적이라 함은 건축물의 각 층 또는 그 일부로서 벽, 기둥, 그 밖에 이와 비슷한 구획의 중심선으로 둘러싸인 부분의 수평투영면적(水平投映面積, 지상 층만 해당)을 말한다. 건축면적은 건축물의 외벽(외벽이 없는 경우 외곽 부분의 기둥)의 중심선으로 둘러싸인 부분의 수평투영면적을 말한다.

서울디지털산업단지의 경우 준공업지역에 해당해 용적률이 400%까지 허용된다. 이는 용적률이 500% 이상 허용되는 상업지역보다는 낮지만 용적률이 200%까지 허용되는 일반 공장지역이나 250% 이하의

주거·산업 복합빌딩 개념도

산업기능과 주거기능의 건축물단위 복합

주거지역 용적률
250% 이하

주거지역 용적률
400%까지 허용

용적률이 허용되는 주거지역에 비해 크게 높은 편이다. 게다가 건축 시 공개공지를 내놓을 경우에는 최대 480%까지 용적률을 허용했다.

서울시는 준공업지역을 입지와 규모, 공장면적 비율에 따라서 산업 거점지역, 주거산업혼재지역, 주거기능밀집지역, 산업단지로 나눈 뒤 지역별로 차별화된 정책을 적용해오고 있다. 지하철역 반경 500m 안에 있거나 주요 간선도로에 인접해 교통여건이 뛰어난 곳 중에서 사업 면적 1만m² 이상인 지역은 산업거점지역으로 지정하고, 전략 사업 관련 시설의 면적이 건물 전체 연면적의 30% 이상일 땐 기존 용적률보다 80%p 높은 480%의 용적률을 적용한 것이다. 또한 준공업지역 내 역세권에서 임대주택이나 기숙사를 지을 경우에도 용적률을 종전 250%에서 400%로 높였다.

이것만은 알자: 용적률과 건폐율

부동산을 공부할 때 가장 기본이 되는 용어 정도는 알고 넘어가도록 하자. 용적률은 대지 내 건축물의 바닥면적을 모두 합친 면적(연면적)의 대지면적에 대한 백분율을 말한다. 다만 지하층·부속용도에 한하는 지상 주차용으로 사용되는 면적은 용적률 산정에서 제외되는데, 용적률이 높을수록 대지면적에 대한 호수밀도 등이 증가하게 된다.

 용적률은 대지 내 건축밀도를 나타내는 지표로 활용되며, 특히 「국토의 계획 및 이용에 관한 법률」 및 시행령과 「서울특별시 도시계획조례」 등에서 용도지역·용도지구별 건축물에 대한 용적률의 법적인 한도가 규정되어 있다. 용적률이 높다는 것은 결국 해당 대지에서 건물이 높게 올라간다는 뜻이다.

용적률 계산법

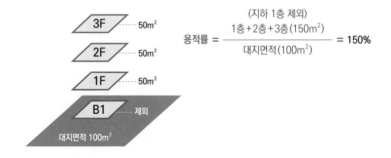

건폐율 산정 시 사용되는 대지면적은 건축대상 필지 또는 부지의 면적을 말하며, 건축면적은 건물의 외벽이나 이를 대신하는 기둥의 중심선으로 둘러싸인 부분의 수평투영면적을 말한다. 대지에 건축물이 둘 이상 있는 경우에는 이들 건축면적의 합계로 한다. 결국 건폐율은 대지에서 차지하고 있는 건물의 비율이다.

정리하면 용적률은 건물의 높이에 관한 법률이고 건폐율은 넓이에 관한 법률로, 쾌적한 환경을 조성하는 데 그 목적이 있다고 이해하면 쉽다. 아파트형공장은 기업을 운영하는 사람들에게 용적률을 최대한 허용해 저렴한 가격에 분양을 하고, 편리한 교통환경을 조성해 다양한 업체가 모여 일자리를 만들어 경제를 활성화하도록 한 도심의 핵심시설이다.

건폐율 계산법

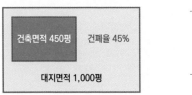

$$\frac{건축면적}{대지면적} \times 100 = 건폐율$$

$$\frac{450}{1,000} \times 100 = 45\%$$

아파트형공장에 입주할 수 있는 시설과 입주 절차

앞에서도 이야기했지만 지식산업센터(구 아파트형공장)에 입주할 수 있는 시설은 규정되어 있다. 먼저 지식산업 및 정보통신산업, 자원비축시설, 그 밖에 특정 산업의 집단화 및 지역경제의 발전을 위해 지식산업센터의 입주가 필요하다고 시장(군수 또는 구청장)이나 관리기관이 인정하는 사업을 기본으로 한다.

그러나 입주업체의 생산활동을 지원하기 위한 시설과 시장(군수 또는 구청장)이나 관리기관이 해당 지식산업센터 입주기업의 생산활동에 지장을 줄 수 있다고 인정하는 시설은 제외된다.

지식산업센터에 입주할 수 있는 시설

- 금융, 보험, 교육, 의료, 무역, 판매업(해당 지식산업센터에 입주한 자가 생산한 제품을 판매하는 경우에 한함)을 하기 위한 시설
- 물류시설, 그 밖에 입주기업의 사업을 지원하거나 어린이집, 기숙사 등 종업원의 복지증진을 위해 필요한 시설
- 근린생활시설(면적제한이 있는 경우는 그 제한면적 범위 이내의 시설에 한함)
- 문화시설 및 집회시설: 공연장(제2종 근린생활시설에 해당하지 않는 시설), 집회장(제2종 근린생활시설에 해당하지 않는 시설), 관람장, 전시장, 동식물원 등
- 운동시설: 체력단련장, 볼링장, 당구장, 골프연습장, 놀이형 시설, 그 밖

아파트형공장 입주 절차

입주계약 신청서 제출

입주계약 체결

공장설립 완료신고서 제출

현장실사

공장등록

사업 영위

계약 변경/임대/처분

* 산업단지 입주 관련 근거 법률
「산업집적활성화 및 공장설립에 관한 법률」

아파트형공장 입주계약 체결

입주계약 신청	• 신청 서류: www.femis.go.kr(정보광장-자료실)
입주심사	• 입주자격 및 업종 검토
입주계약 체결	• 신청일로부터 5일 이내 처리

에 유사시설(제1종 및 제2종 근린생활시설에 해당하지 않는 시설), 체육관, 운동장 등

- 상점(음식료품을 제외한 일용품을 취급하는 상점만 해당)으로 일정기준 면적 이하의 시설

국가산업단지 내 아파트형공장에 입주하기 위해서는 다음과 같은 절차를 거친다.

입주계약서를 작성하고 계약을 체결하면 한국산업단지공단에서 현장 실사를 나온다. 신고한 업종이 맞는지, 현장은 어떠한지 실제로 살펴보고 나서 인가를 해준다. 이와 같은 과정을 거쳐 아파트형공장 내에서 사업을 영위할 수 있으며 나중에 계약 변경, 임대 또는 처분을 할 수 있게 된다.

아파트형공장 입주계약 체결은 한국산업단지공단이나 지자체를 통해서 할 수 있다. 입주계약을 체결하기 위한 절차는 앞의 페이지를 참고하자.

또한 아파트형공장을 임대하는 경우에는 한국산업단지공단 또는 지자체에 신청해 임대할 수 있다. 단, 조건을 반드시 확인하고 진행하도록 하자.

아파트형공장 임대 방법

- 신청기관: 한국산업단지공단, 지자체 등

- 임대조건: 제조업은 공장등록, 비제조업은 사업개시신고 이후 임대 가능

- 임대 방법: 일부 유휴공간 임대는 임대신고, 전체 임대는 임대사업자로 입주계약 변경 후

- 임대기간: 5년 이상(임차인의 요청이 있는 경우 1년 이상)

해외의 아파트형공장은 어떻게 시작되었나?

아파트형공장은 여러 국가에서 다양한 이름으로 불리고 있다. 일본에서는 '공장아파트', 타이완에서는 '표준임대공장', 싱가포르에서는 '다층형공장빌딩'으로 불린다. 다른 나라들의 아파트형공장 사례를 살펴보면 현재 우리나라의 아파트형공장 현황과 앞으로의 성장 방향을 예측할 수 있다. 아파트형공장에 투자하려는 실투자자들에게도 아파트형공장에 대해 이해하는 데 도움이 되리라 생각한다.

일본의 아파트형공장

일본의 아파트형공장은 과거 1960년대 중반 이후 주로 대도시 주택공장 혼재지역에서 재정비 정책의 수단으로 시작했다. 바로 '공장집단화 사업'이라 할 수 있다. 도심 외부로 이전이 시급하거나 자금조달 능력이 없는 어려운 영세 소기업이 대상이었다. 주거기능 공간과 공업가능 공간을 조화시켜 입지환경을 개선하는 방향으로 발전했다.

일본 아파트형공장은 대부분 3층 이하이고, 공장 전용으로만 사용해야 한다는 점이 특징이다. 과거에는 공해 방지에 기여할 수 있는 20인 이하의 영세 소규모 제조업체만을 입주 대상으로 삼았고 신규 공장의 입주는 허용하지 않았다. 입지 역시 공업지역에 한하고 주거 및 상업지역은 대상이 되지 않았다.

아파트형공장의 사업주체는 소규모 단체로 구성된 조합 또는 지자체다. 입주업종은 참가기업 전원이 동일업종이거나 상호 관련 제조업으로 운영상 필요가 있는 경우 1/5 범위에서 상업, 운송업, 창고업 등이 참가할 수 있도록 했다.

지원제도를 살펴보면 토지, 건물 등 공동시설비의 90% 이내로 자금 지원을 해주며, 대출 조건은 연 2.7% 이하이며 상환기간이 최소 15년으로 기업의 부담을 줄여주려는 노력을 많이 해왔다.

싱가포르의 아파트형공장

도시국가인 싱가포르는 개발할 수 있는 토지가 한정되어 있다. 그 때문에 중국, 인도 등 신흥경제국가와의 경쟁이 치열해지면서 산업용지 활용 최적화를 통한 경쟁력 향상에 중점을 두고 투자했다. 싱가포르 정부는 제조업을 지속 가능한 경제성장을 뒷받침해주어야 하는 중요한 산업분야라고 정의했다. 제조업 비중을 싱가포르 전체 GDP의 20~25% 수준으로 유지하기 위해 산업단지를 전략적으로 육성한 이유다. 싱가포르는 현재 주롱 석유화학단지, 바이오 메디컬 산업단지, 전자산업단지 등 중점 투자유치 산업을 위한 산업단지로 조성되어 있다. 현재는 싱가포르 경제개발청에서 분사한 주롱도시공사(JTC; Jurong Town Corporation)에서 산업단지 관리를 주관하고 있다.

아파트형공장은 산업단지를 구조고도화하는 사업의 주요 수단이다. 산업단지 구조고도화 업무는 계획의 수립과 집행을 이원화했다. 구조고도화 계획의 수립은 도시재개발청에서 담당하고, 개별단지 및 지역별 재정비 사업은 대부분 주롱도시공사(JTC)에서 담당한다. JTC가 운영하는 아파트형공장은 3~20층까지 규모가 다양하다. 일반적인 아파트형공장의 규모는 1개 동의 크기가 약 4천m^2의 7층 건물로, 공용부문을 제외한 전용면적은 층당 약 2,700m^2다. 7층이 일반화된 이유는 싱가포르의 경우 7층까지의 건물은 스프링클러의 설치 의무가 없기 때문이다.

층마다 800~1,500m^2 정도 넓이로 하나의 공간이 이루어져 있지만, 90~180m^2의 넓이로 구획하기 쉽게 기둥이 설치되어 있다. 입주기업은 필요에 따라 동일 층 또는 복수 층으로 공장평면을 신축적으로 사용할 수 있다. JTC의 아파트형공장은 임대로만 운용된다. 보통 3년 단위로 임대하지만 특별한 경우에는 1년 단위로도 가능하다. 만기가 되면

재계약할 수 있고 보증금으로 3개월 분을 예치해야 한다.

싱가포르 아파트형공장은 창업기업과 기존기업의 입주를 모두 허용한다. 특히 창업기업은 창업인센티브 프로그램을 운용해 입주를 유도하고 있다.

아파트형공장의 용지를 이용할 때 산업용을 전체의 60%로 배분하는 원칙을 견지하고 있고, 이용공간의 60% 이상은 제조, 조립, 연구개발 및 보조창고 등과 같은 산업용 공간으로만 활용해야 한다. 나머지 40%는 부속사무실, 전시공간 및 공용시설 등에 배분한다. 또한 아파트형공장 승인업종과 관련 없는 상업적 사무실이나 단순창고의 설치는 원칙적으로 허용치 않는다.

홍콩의 아파트형공장

초기 홍콩의 아파트형공장은 중국혁명 이후 난민에 대한 취업장으로 정부가 임대고층 공업빌딩을 제공하면서 시작했다. 1970년대 무허가 공장 수용과 도심재개발을 위한 방안으로 홍콩 정부에서 17개 공장 단지와 약 356동의 아파트형공장을 건설하면서, 공공 주도로 본격적으로 이루어진 것이다.

그러나 정부 주도의 아파트형공장은 시설이 미비하고 장소도 협소해 업체가 입주하지 않았다. 결국 정부 주도의 아파트형공장 공급은 잠정

중단되고, 민간 부동산업자들에 의해 분양·임대되는 민간 주도형으로 전환되었다. 홍콩은 싱가포르와 같이 협소한 공간을 효율적으로 활용하기 위해 아파트형공장을 활발하게 공급해왔다. 다만 공공이 아닌 민간 사업체가 주도한다는 점에서 싱가포르와 차이가 난다.

홍콩 아파트형공장의 특징은 공해 발생 여부에 따라 입주에 제한을 두고 있다는 점이다. 원칙적으로 제조업은 입주에 제한이 없다. 분양조건을 보면 계약 시 전체금액의 20% 이상을 계약금으로 지급하고 나머지는 10년간 분할 지급하며, 임대기간은 기본이 2년이다.

정부는 입주기업을 위한 금융세제상의 지원보다 아파트형공장 건설을 위한 산업부지를 제공하는 데 정책의 중점을 두고 있다. 홍콩의 땅은 모두 국유지이므로 아파트형공장 부지를 공급할 때 정부가 차지권을 매각하거나 사용인가를 내주는 형태로 공급한다. 토지계획 규제에 따라 낙찰된 산업용지는 입주자가 권리를 취득한 후 건축규제를 지켜 아파트형공장을 건축하는 방법과 부동산업자가 아파트형공장을 건설한 후 분양 또는 임대하는 형식으로 운영된다.

타이완의 아파트형공장

타이완의 산업집적지는 일반공업단지, 수출가공구, 과학공업단지, 환경보호기술단지, 농업생물기술단지, 공상종합단지 등으로 구분된다.

이 중 일반공업단지는 중앙정부, 지방정부, 민간 등이 개발하며, 수출가공구, 과학공업단지, 환경보호기술단지, 농업생물기술단지는 중앙정부 주도로 개발한다.

분양은 대부분 매매와 임대를 병행한다. 매매일 경우는 정부가 간접 관리하고, 임대일 경우에는 정부가 직접 관리한다는 특징이 있다. 그러나 수출가공구와 과학공업단지는 임대 방식으로만 분양되며, 정부가 직접 관리하고 있다.

베트남의 아파트형공장

베트남은 최근 세계적 생산공장인 중국을 대체할 수 있는 투자 적격지로 각광받고 있다. WTO 가입, 미국과의 항구적 정상무역관계(PNTR) 확립, 한·아세안 FTA 체결 등 대외적으로 국제경제에 완전히 편입했으며, 이와 별개로 각 기업들이 차이나 리스크(China Risk)의 부담을 줄이는 방법의 일환으로 베트남 진출에 대한 관심이 높아지고 있다.

또한 정치·사회적 안정성, 아세안(ASEAN) 회원국으로서의 입지적 장점, 낮은 투자비용, 높은 경제성장 등 중장기적 관점에서도 베트남의 투자 환경은 매력적이다. 베트남의 투자입지는 산업단지와 일반지역으로 나뉘는데, 산업단지는 일반지역에 비해 인프라가 잘 정리되어 있고 공단관리위원회가 인허가 수속을 대행하면서 제반 관리업무를 해주기 때문에 신규 업무와 기업 운영이 편리하다.

베트남 정부는 산업단지 및 수출가공공단의 조성을 적극적으로 추진
했다. 입주형태로 봤을 때 단독투자와 합작투자 모두 입주할 수 있으나
실제 입주는 대부분이 단독투자 기업이다. 또한 수출과 병행한 내수판
매가 가능해 수출가공공단과 차이가 있다.

수출가공공단은 외국기업의 가공수출을 촉진시키기 위해 베트남 정
부가 설립한 산업지역이다. 공단 내 입주하는 모든 투자자는 수출품의
제조, 하역, 수리, 보험, 은행 등의 서비스 업종도 운영할 수 있다. 과거
에 수출가공공단은 일반지역과 엄격하게 분리해 운영되어 생산에 필요
한 자재에 대한 수입관세가 면제되고, 수출가공공단에 입주하는 기업
들에게 일반지역보다 유리한 세제혜택과 각종 우대조치를 부여했다.
그러나 현재는 각종 세금혜택이 폐지되어 일반지역과 차이가 없는 상
황이다. 다만 일반지역에서는 수출가공기업을 설립 시 생산자재를 수
입할 때 검역이 번거롭다. 현재 베트남에는 호치민 근교에만 3개의 가
공공단이 있다.

중국의 아파트형공장

중국의 경제기술개발구는 중국이 대외개방을 목적으로 지정한 특수지
역이다. 이 지역에 기초시설을 완비하고 국제 수준에 부합하는 투자환

경을 조성함은 물론 각종 우대혜택을 부여해 외국자본을 유치하고, 첨단기술과 관리방법을 익혀 주변 지역에 적용해 경제 발전의 원동력을 삼을 목적으로 건설했다.

경제기술개발구는 중국의 경제와 산업에서 중요한 역할을 수행했다. 특히 개발구 내 기업의 소유제 형식, 관리시스템, 고용제도, 경영 방향, 자금조달방식, 기업에 대한 개발구의 관리방식 및 조직 등에 새로운 시도를 하게 해 경제시스템 개혁을 촉진했다. 또한 우대정책과 투자환경의 이점으로 인해 외국자본 유치, 선진기술 및 관리경험이 집중되었다. 그 결과 경제기술개발구는 개방 확대의 창구 및 중심기지로서의 영향을 파급시키고, 산업구조조정을 촉진하는 역할을 수행했다.

중국은 1984년부터 1986년까지 다롄, 친황다오 등 14개 도시에 경제기술개발구를 지정했으며, 중국 국무원의 비준을 거쳐 설립된 경제기술개발구는 총 88개가 넘는다. 이 중에는 경제기술개발구와 동일한 정책을 준용하는 5개 개발구(쑤저우 공업원구, 상하이진차오 수출가공구, 닝보당셰 개발구, 샤먼하이창 투자구, 하이난양푸 개발구)와 신규로 준비된 34개 개발구도 포함되었다.

아시아를 포함한 전 세계의 제조업 중심의 국가들은 결국 공장과 도심의 자연스러운 조화를 이루며 제조업을 최대한 살리고자 한다. 제조업을 경제근간으로 유지하고 발전시키는 방향으로 정책을 주도하고 있는 것이다. 최근 부동산 트렌드 역시 풍부한 배후수요를 갖춘 산업단지 인근으로 쏠리고 있으며, 아파트형공장을 중심으로 주거환경, 교통, 인프라 및 지원시설이 확충되고 있다.

아파트형공장 투자는 이제 선택이 아닌 필수다. 다른 국가의 사례를 봤을 때 향후 발전 가능성도 높은 편이다. 우리나라에서는 사용자의 편의를 위해 아파트형공장을 지을 때 '맞춤형 설계'를 하거나 기숙사 등의 편의시설도 함께 제공한다. 우리나라 부동산 현실에 맞는 투자대안이 아파트형공장인 이유다.

우리나라 아파트형공장의 시작

산업용지가 부족하고 땅값이 비싼 대도시에서 아파트형공장은 전통 제조업을 대체하는 첨단 제조업은 물론이고 지식기반 서비스업의 새로운 입지로서 매력적인 공간이다. 소위 공돌이라 불리던 블루칼라에서 화이트칼라로의 이동은 격세지감을 느끼게 한다.

앞으로도 대도시의 땅값은 상승할 것이고, 산업의 거점이 되어야 하는 공장의 입지난은 가중될 수밖에 없다. 당연히 대도시를 중심으로 아파트형공장에 대한 수요는 계속 증가할 것이다. 공장의 고층화, 면적의 확대, 업종의 첨단화, 근로자의 지식화 등 산업의 양적·질적 변화가 아파트형공장을 중심으로 일어나고 있다.

우리나라는 경제개발정책을 추진하면서 1960년대부터 구로공단과 울산공단 등을 시작으로 많은 국가산업단지(공단)들을 조성했다. 이러한 국가산업단지는 대기업과 관련 하청기업을 중심으로 성장했다. 생산기능을 집중시켜 생산 및 거래비용의 절감을 통해 수출경쟁력을 확보할 수 있도록 했다. 이를 바탕으로 '한강의 기적'이라 불리는 경제성장을 이루어낼 수 있었다.

그러나 생산과 연구개발 간에 유기적인 네트워크가 형성되지 못했고, 혁신 역량이 부족한 이러한 산업단지들은 지식기반 경제시대에 살아남기 위해 새로운 변화의 길을 모색해야만 했다.

우리나라 최초의 아파트형공장

우리나라 최초의 아파트형공장은 바로 1989년 9월에 준공된 인천 주안 아파트형공장이다. 국가에서 처음으로 아파트형공장에 관심을 갖기 시작한 것은 중소기업진흥공단이 공업의 협동화 사업을 추진하던 1970년 부터지만, 본격적인 관심은 1984년 3월에 공포한 '중소기업육성관련시책통합고시(상공부고시 제84-11호)'에 따라 계획이 수립되면서부터다.

고시에 따르면 아파트형공장 사업이란 "동종 또는 연관업종을 영위하는 중소기업자들이 생산활동을 보다 효율적으로 영위할 수 있도록 아파트형 또는 연립형 공장을 건설하는 것"이다. 이후 1988년 4월 '공업배치법시행규칙중개정령안(상공부공고 제88-19호)'에 그 설치근거가 마련되면서 우리나라에서도 본격적으로 아파트형공장이 건설되기 시작했다.

구로수출산업공단(ⓒ 구로공단 기록영상)

　주안 아파트형공장은 당시 「중소기업기본법」의 '협동화 사업 추진요령'과 '아파트형공장 설치 및 관리요령'에 따라 중소기업진흥공단에서 추진한 협동화 사업 중에 만들어진 시범 아파트형공장이다. 이 시기의 아파트형공장은 대도시에서 시작된 영세 중소제조업체들의 입지난 해소와 무질서하게 위치해 있던 중소제조업체들을 집단적으로 입주시켜 도시환경 개선을 도모하고자 했다. 또한 쾌적한 작업환경을 만들어 생산성 향상과 대도시 내 유휴 노동력을 흡수해 저소득층의 생활기반을 조성하기 위한 정책수단으로 이용되었다.

　최근에 와서는 대도시 내 중소제조업체들을 체계적으로 정비하기 위해 아파트형공장 공급을 늘리고 있다. 대도시에서 경제활동을 하는 제조업체들 중 상업지역이나 주거지역에 소규모 공장들이 산발적으로 형성됨에 따라 토지의 효율적 이용을 저해하기 때문에 체계적으로 정비할 필요성이 제기되어 아파트형공장 공급이 이루어졌다.

수도권 일대의 아파트형공장은 1990년대 초반부터 본격적으로 들어섰다. 그러나 수도권 주거환경 개선을 요구하는 사회 일각의 요구에 밀려 주춤하다가, 1997년 외환위기(IMF) 때 오히려 활기를 되찾게 된다. 당시 성장하던 벤처기업들이 신축 중이던 아파트형공장으로 대거 밀려들었으며, 정부는 「벤처기업육성에 관한 특별조치법」을 마련해 아파트형공장 입주기업에 각종 세제혜택과 건설비 지원에 나서면서 아파트형공장의 공급 증대를 꾀했다. 특히 수도권 지역 중소제조업체의 공장부지 감소와 수도권 규제로 인한 입지 문제가 발생하면서, 그 대안으로 아파트형공장이 주목받아 정책 지원이 확대되고 공급도 확대되었다.

서울 최대 규모―서울디지털산업단지

구로공단의 경우 1970년대 중반부터 1980년대 후반까지 고용과 수출에서 큰 성과를 내면서 우리나라 수출과 경제의 견인차 역할을 했다. 1975년과 1989년 사이에 입주기업 수는 193개사에서 262개사로, 고용자 수는 5만 8,602명에서 6만 1,872명으로 증가했다. 특히 수출은 4억 1천만 달러에서 41억 4천만 달러로 9배나 증가했다.

그러나 1980년대 후반 이후 선진국의 장기불황, 개발도상국들의 추

서울디지털산업단지의 규모

(단위: 개사)

구분	산업시설	지원시설	공공시설	녹지	계
1단지	319	64	68	0	451
2단지	266	58	64	0	388
3단지	857	72	157	0	1,086
계	1,442	194	289	0	1,925

* 1단지 G플러스코오롱(2013), 2단지 대륭포스트6차(2010), 3단지 에이스하이엔드10차(2015)

격 등으로 대외적 수출여건이 악화되고, 노사분규의 심화, 과도한 임금 상승 등으로 대내적 경제환경도 악화되었다. 이로 인해 고용과 수출이 함께 감소하는 쇠퇴기에 들어섰고, 설상가상으로 1997년 불어닥친 외환위기로 구로공단은 수출산업단지로서의 기능을 거의 상실했다. 고용자 수는 1989년 6만 1,872명에서 1999년 2만 9,639명으로 절반 이하로 감소했으며, 같은 기간에 수출은 41억 4천만 달러에서 1999년 15억 달러로 큰 폭으로 감소했다.

이와 같은 위기상황을 극복하고자 정부는 민간건설업체도 아파트형 공장을 건설할 수 있도록 규제를 완화했다. 그뿐만 아니라 아파트형공장의 입주업종을 첨단산업 중심으로 확대하는 등 전통제조업 중심의 구로공단에서 첨단산업 중심의 서울디지털산업단지로 산업구조 재편

입주 현황

(단위: 개사, %)

구분 계	가동업체							건설· 준비 중	휴폐업
	소계	정보 통신	전기 전자	기타 비제조	기계	섬유 의복	기타 제주		
9,272 (100)	8,239 (88.9)	3,149 (34.0)	1,841 (19.9)	1,736 (18.7)	486 (5.2)	396 (4.3)	625 (26.7)	1,033 (11.1)	0 (0.00)

* 자가(6,595), 임차(2,677)
* 300인 이상(6), 50~300인(136), 50인 미만(3,212)-제조가동업체에 한함

을 추진했다. 이러한 정부의 정책 변화, 한국산업단지공단과 지방자치단체 등의 노력, 그리고 서울이라는 최고의 첨단산업 입지가 상호작용하면서 '아날로그' 구로공단이 '디지털' 서울디지털산업단지로 거듭나게 된 것이다. 그 결과 연기 나는 굴뚝이 있던 우중충한 공장들과 작업복이 넘쳐나던 모습은 사라지고, 멋진 빌딩과 젊은이들로 넘쳐나는 곳으로 새롭게 탄생했다.

현재 서울디지털산업단지는 서울 아파트형공장의 최대 집적지다. 서울디지털산업단지는 국가산업단지로 1965년부터 1973년에 구로구 구로동과 금천구 가산동 일대 약 198만m² 면적에 걸쳐 조성되었다. 준공당시에는 구로산업단지 혹은 구로공단이라고 불렸으나 2000년 12월 서울디지털산업단지로 명칭이 변경되어 현재에 이르렀다.

서울디지털산업단지 내에 아파트형공장이 처음 건설된 것은 1996년이다. 그 이후 계속 증가해 2008년 12월 말에 총 72개의 아파트형공장 23개동 이상이 건설되었다. 2017년 9월 말 기준 산업단지는 1,176개이

단지별 특성

단지명	단지별 특성
총괄	• 섬유, 봉제업(제조업) → IT업종(비제조업) 중심의 첨단단지로 전환 • 창업기업 및 중소 벤처기업의 인큐베이팅 거점 역할 수행
1단지	• 지식서비스산업(소프트웨어 개발 및 공급업) 중심 단지 • 단지 전체 소프트웨어 개발 및 공급업의 46.2%가 입주
2단지	• 섬유의복 관련 제조 및 판매시설 중심 단지 • 섬유의복 관련 제조업 집중 분포, 관련 대형 판매시설 입주
3단지	• 지식기반 제조업 및 지식서비스 산업 혼재 • 단지 전체 전자정보기기의 53.6%, 소프트웨어 개발 및 공급업의 40.7% 입주

며 9만 5천 개 입주기업에 217만 명이 근로하고 있고, 전체 제조업 생산의 70%, 수출의 75%, 고용의 50%를 담당하고 있다.

서울디지털산업단지는 국가산업단지로서 최적의 위치에 있다. 서울의 서남쪽에 위치하고 있어 김포와 인천국제공항, 서해안고속도로, 경부고속도로, 고속철도역(광명, 용산, 서울), 강남 등과 접근성이 좋으며, 남부순환도로와 시흥대로에 인접하고 있어 교통까지 편리하다. 수도권에 대학교가 몰려 있고 취업을 위해 수도권으로 인재들이 모이는 덕분에 인력 고용이 용이하다는 것도 장점이다.

서울디지털산업단지에 있는 지하철 2호선 구로디지털단지역의 첫 역명은 구로공단역이었다. 1960년대 국가산업단지로 지정되어 섬유, 봉

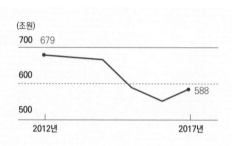

국가산업단지 생산액

(조원)
700 679

600

500

2012년   2017년

588

(출처: 한국산업단지공단)

재 산업 등이 활성화된 곳으로 근로여건이 열악했던 시대에는 노동운동이 치열하게 일어났던 곳이기도 하다. 정부 주도의 IT기술 중심의 산업단지로 육성되면서 이름을 서울디지털산업단지로 변경했고, 역명도 자연스럽게 구로디지털단지역으로 바뀌었다.

구로디지털단지역 상권은 구로디지털산업단지와 지하철 인근으로 구분할 수 있다. 단지 내에는 프리미엄 비즈니스 호텔과 이마트, 그리고 에이스하이엔드타워, 대륭포스트타워, 코오롱사이언스밸리 등 중소기업들이 입주해 있다. 그만큼 젊은 직장인들의 유동인구가 많고 소비도 요식업 등에 집중되어 있는 편이다. 구로디지털단지 상권은 역을 중심으로 반경 700m 이내이며, 거주인은 3만 6천 명, 직장인은 7만 7천여 명으로 업무수요 집중 상권으로 부각되었다. 구로디지털단지역 1일 승하차 인원은 약 13만 명이 넘으며, 버스와 승용차를 이용하는 출퇴근

지하철역 유동인구 분석 순위

순위	역명	총 이용객(명)	일별 이용객(명)
1	강남	62,206,048	204,625
2	잠실	47,404,475	155,936
3	홍대입구	45,919,090	151,050
4	신림	44,225,759	145,479
5	신도림	39,562,239	130,139
6	구로디지털	38,653,424	127,149
7	서울역(1호선)	36,651,041	120,563
8	삼성	36,221,890	119,151
9	고속터미널	35,034,190	115,244
10	서울대입구	32,439,452	106,709

(출처: 서울메트로)

유동인구 2만 명을 합하면 하루에 약 15만 명이 움직이는 지역이라고 볼 수 있다.

아쉬운 점이라면 단지개발에는 많은 노력을 기울였지만, 산업단지 주변에 유동인구의 급증에 대비한 시설이 미흡하다는 것이다. 도로 확장 등 기반시설에 대한 추가적인 투자가 필요하다. 출퇴근 시간에 문제가 되는 심각한 교통체증은 이와 같은 시설 확충으로 개선될 수 있으리라 판단된다.

벤처기업 육성―부천테크노파크

부천테크노파크는 낙후지역 내 산업구조의 고도화 및 선도산업을 집중적으로 육성하고, 기존 제조업 중심의 산업기반을 고부가가치의 지식기반 산업구조로 전환하기 위한 목적으로 조성되었다. 아울러 높은 인구밀도 및 지가 상승, 주거 중심의 토지이용에 따른 산업용지를 확보하는 데 그 목적이 있다.

부천테크노파크는 경인고속도로와 수도권외곽순환도로에서 가까워 입지여건이 좋다. 또한 입주기업들 사이에 기술과 정보 교류가 원활하게 이루어질 수 있는 여건을 갖춰놓았다.

부천테크노파크는 정부로부터 '벤처기업육성 촉진지구'로 지정되어 총 4차에 걸쳐 조성되었다. 부천테크노파크 1차 사업단지는 2001년 준공해 304개 업체가 입주했고, 2차 사업단지는 2004년 준공해 317개 업체가 입주했다. 부천테크노파크를 건설하기 위해 부천시 원미구 시유지였던 부천테크노파크 일부 부지를 민간기업에 조건부 매각했다. 사업 완료 후 1차 사업단지 중 203동과 2차 사업단지 중 401동을 민간건설업체로부터 대납받았다. 대납받은 2개동은 부천시에서 각각 첨단산업연구단지와 로봇산업연구단지로 지정하고 연구기관과 대학, 기업이 동반 입주해 클러스터를 이루고 있다. 입주 당시 입주기업에 대해서는 취득세 및 등록세 면제와 입주 후 5년간 소득세, 종합토지세 50% 감면, 재산세 37.5% 감면 등의 세제혜택을 제공했다.

공업도시에서 벤처도시로—안양벤처밸리

1970~1980년대까지 수도권의 대표적 공업도시로 손꼽혔던 안양시는 1999년 9월 전국 최초로 '벤처기업 육성조례'를 제정했다. 명학역~안양시청역~인덕원역에 이르는 시민대로 주변 지역과 안양 7동, 관양 2동 공업지역 등 안양벤처밸리는 2000년에 중소기업청으로부터 벤처기업육성 촉진지구로 처음 지정되었다.

사업 초기에 안양시는 동안구청 옛 부지를 2000년 6월 경기도로부터 10년 분할상환 조건으로 50억 원에 매입했으며, 안양시가 민관합동개발로 벤처기업 집적시설인 아파트형공장을 건립했다. 안양시는 2005년 11월 기업지원시설 건립 사업시행자 공모 공고를 통해 사업자 공모와 심사과정을 거쳐 2008년 3월 23일 두산산업개발(주)을 본 사업의 시행자로 지정하고 협약식을 가졌다.

두산산업개발(주)은 안양시에 13억 원의 계약금을 납부했으며, 사업이 완료된 후 4~6층을 안양시에 대납했다. 안양시는 대납받은 4~6층에 안양창조산업진흥원이 위탁 관리하는 동안 벤처센터를 운영할 계획을 세웠다. 안양시가 직접 우수기업 유치에 나섰고, 나머지 시설은 두산산업개발(주)에 의해 일반 분양을 마쳤다.

관양두산벤처다임은 시설면적 중 일부(4~6층)가 벤처기업 집적시설로 등록되어 있고, 나머지는 아파트형공장으로 등록되어 있는 복합형태로 지정 운영되고 있다. 안양이 벤처기업육성 촉진지구로 지정된 면

적은 전국에서 네 번째로 넓으며, 첨단산업 중심지 벤처기업의 메카로
자리매김하기 위해 많은 노력을 하고 있다.

세계 최고의 스마트시트—일산테크노밸리

우리나라 1기 신도시는 주거 역사에 큰 획을 그었다고 할 수 있다. 지난
20~30년 동안 서울의 인구가 분산하는 데 큰 역할을 담당했는데 대표
적인 곳이 고양시 일산, 성남시 분당, 부천시 중동, 안양시 평촌, 군포
시 산본으로 총 5곳이다. 이곳에만 경기도 전체 인구의 9%에 해당하는
약 125만 명 정도가 거주하고 있다. 당초 117만 명을 수용하도록 계획
했던 곳이기에 현재 인구는 포화 상태라 할 수 있다.

처음 일산테크노밸리가 계획될 때 경기도 고양시 일산동구의 경우
중소기업진흥공단에서 시공·분양한 일산테크노타운과 민간건설업체
가 사업주체인 유니테크빌 2개의 아파트형공장이 전부였다. 시설면적
중 일부가 벤처기업 집적시설로 지정되어 있는 복합형태로서, 아파트
형공장으로 설립허가를 받은 다음 완공 후 벤처기업 집적시설로 일부
지정받는 방법이었다.

일산테크노타운은 중소기업진흥공단이 1989년 시작한 중소기업 입
지 지원사업의 일환으로 1995년 9월 부지매입을 시작해 2000년 1월에
준공허가를 받았다. 부지매입가는 72억 원이며 총 사업비는 762억 원

으로 평당 분양가는 약 206만~323만 원이었다. 아파트형공장은 현행 제도하에서 택지개발사업지구 내에 입지할 수 있는 유일한 형태의 공장으로서, 일산택지개발지구 사례는 의도적으로 자족성을 강화할 목적으로 건설한 것이다.

최근에는 고양시 일산서구 대화동에 80만m² 규모의 일산테크노밸리 조성사업이 진행될 예정이다. 일산테크노밸리는 경기도시공사와 고양도시관리공사가 사업비를 분담해 판교테크노밸리처럼 도시개발방식으로 조성하는 첨단산업단지다. 증강현실(AR), 가상현실(VR), 방송콘텐츠, 엔터테인먼트 관련 산업이 입주할 예정이며, 2022년부터 기업 입주가 시작된다. 고양시에서는 '세계 최고 스마트시트' 건설을 위해 일산테크노밸리 사업에 1조 6천억 원의 신규 투자와 1,900여 개 기업 유치, 1만 8천 명 이상의 고용유발 효과를 기대하면서 계획적으로 추진하는 중이다.

아파트형공장 분양과 임대

내수경기의 침체와 각종 투자 리스크로 일반 부동산의 분양률은 저조한 반면 아파트형공장의 분양은 불경기 속에서도 인기가 많다. 특히 기존 일반산업단지에 공장을 가진 사업자나 청년 창업자들까지 속속 아파트형공장에 입주할 움직임을 보이면서 시간이 갈수록 아파트형공장의 인기는 높아지고 있다.

우리나라는 '아파트 공화국'이라는 말이 있을 정도로 대부분의 사람들이 아파트 투자를 가장 선호하고, 아파트 투자로 돈을 번 사람도 많다. 물론 거래가 비교적 수월하기 때문에 그럴 수도 있다. 하지만 전문가들은 생각이 조금 다르다. 이제는 아파트를 대체해 토지, 상가, 그리고 아파트형공장이 향후 부동산 시장을 이끌 것으로 예측하고 있기 때문이다.

정부가 부동산 시장을 옥죄는 규제책을 잇달아 쏟아내고 있어 부동산 투자자들은 빠르게 대안 투자처를 찾을 수밖에 없다. 양도소득세 중과와 분양권 전매 제한 등 주택규제에 이어 대표적인 수익형 부동산 상품인 오피스텔에 대해서도 분양권 전매 규제가 시행되었다. 이와 같은 규제를 모두 피해갈 수 있는 아파트형공장, 즉 지식산업센터에 대한 투자는 새로운 대안으로 떠오르고 있다. 그동안 정부에서 투기를 방지한다는 목적으로 개인의 아파트형공장 취득을 제한해왔지만 민간 투자를 최대한 이끌어내기 위해서 규제를 풀었다.

중소기업 사무실 수요가 많은 지역에서는 연 5% 이상 임대 수익률을 기대할 수 있는 곳이 많다. 예를 들어 분양면적 200㎡ 기준 분양가가 4억 원일 경우 보증금 3천만 원에 월 임대료 200만 원을 받는다고 가정하면 임대 수익률만 연 6%가 넘는다. 아파트형공장의 지가는 매년 꾸준히 상승하고 있기 때문에 임대수익뿐만 아니라 시세차익까지 동시에 누릴 수 있다.

아파트형공장 투자 방법

아파트형공장에 투자하는 방법은 크게 2가지다. 첫 번째는 분양을 받아 입주하는 것이고, 두 번째는 처음부터 임대를 놓는 것이다. 아파트형공장의 분양절차를 먼저 살펴보자.

아파트형공장을 설립한 자가 아파트형공장을 분양 또는 임대하려는 경우에는 공장건축물 착공 후 모집공고안을 작성해 시장, 군수 또는 구청장의 승인을 받아 공개로 입주자를 모집해야 한다. 그러나 공공사업에 의해 철거되는 공장의 유치나 특정 업종의 집단 유치를 위해서 아파트형공장의 입주자를 비공개로 모집할 수 있다. 연면적 2천m² 미만인 아파트형공장의 경우에도 비공개로 모집할 수 있다.

아파트형공장 분양절차는 일반적인 산업용지의 분양절차와는 달리 사업시행자가 직접 분양공고를 한 후 분양계약을 체결하고 입주 직전에 관리기관에 입주계약을 신청한다. 반면 산업용지의 경우 관리기관이 직접 분양공고를 하고 입주계약까지 체결하고 있어 입주 부적격 업체와 분양계약을 체결하는 경우는 없다.

이런 이유로 아파트형공장 건설사업자가 직접 올려 입주자를 모집할 경우 모집공고에 허위 사실을 기재해 입주자격이 없는 기업이 분양받은 사례가 실제로 많이 발생하고 있다. 이렇게 분양받은 기업은 입주 직전에야 관리기관의 입주심사를 받고 입주할 수 없다는 사실을 알게 되는 상황이다.

잘못된 광고로 인해 입주자격이 없는 기업이 분양계약을 체결한 뒤 입주할 준비까지 모두 마친 상황에서 관리기관에서 입주자격이 없다고 한 경우 입주하려던 기업은 어떻게 될까? 기업은 당연히 재정적인 불이익뿐만 아니라 경영상에 막대한 손실이 발생할 수밖에 없다. 그러나 대다수의 건설사업자는 분양계약서에 "관리기관의 입주 부적격 판정이 있을 경우 이의를 제기하지 않는다"는 특약을 명시하고 있어 부적격

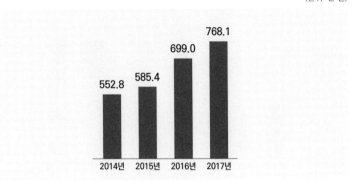

서울 아파트형공장 매매값 추이

(단위: 만 원)

- 2014년 552.8
- 2015년 585.4
- 2016년 699.0
- 2017년 768.1

* 3.3m²당 기준

(출처: 부동산114)

분양에 대한 손해배상도 청구하기 힘들다. 그러니 분양받아 입주할 계획이 있다면 스스로 모집공고를 꼼꼼히 살피고 입주자격이 되는지 확인해야 한다.

분양형 아파트형공장

경기도에는 분양형 아파트형공장이 임대형 아파트형공장보다 훨씬 많다. 분양형 아파트형공장이 85% 이상을 차지하고 있다. 다만 분양형 아파트형공장이라도 부동산 업자가 분양을 받아 입주업체에게 임대하는 비율이 상당히 높다. 이는 IMF를 지나면서 아파트형공장의 분양을 촉진하기 위해 실수요자에게 분양할 뿐만 아니라 임대 목적으로 부동산 업자에게도 분양할 수 있도록 관련 제도를 완화시켰기 때문이다.

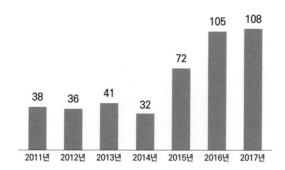

전국 아파트형공장 인허가 건수

(단위: 건)

(출처: 한국산업단지공단, 한국창업부동산정보원)

실속 있는 도심 속 신흥 오피스로 탈바꿈한 아파트형공장은 전용면적 대비 분양가가 일반 부동산보다 저렴한 편이다. 대부분 아파트형공장은 해당 물건 금액의 10%를 계약금으로 걸고 70~80%까지 대출을 받을 수 있다. 그러다 보니 분양을 받는 사람 입장에서는 저렴한 시세로 부동산을 취득해 사무공간을 확보하거나 임대를 놓을 수 있다. 그뿐만 아니라 아파트형공장 주변으로의 개발이 지속되면 지가 상승까지 기대할 수 있어 2마리 토끼를 잡는 투자가 가능하다.

임대형 아파트형공장

임대형 아파트형공장은 공공과 민간에서 건설한다. 이유는 조금 다른데 민간의 경우 자사뿐만 아니라 협력업체들을 동시에 입주시키기 위해 임대형 아파트형공장을 건설하기도 한다. 공공은 저렴한 임대료로 경쟁력 있는 업체들을 유치하기 위해 하는 경우가 있다. 특히 지자체 차원에서 혁신거점을 위해 관련 산업들을 입주시켜 클러스터를 조성하고 혁신활동을 강화시키고자 아파트형공장을 건립하는 경우가 많다. 부천테크노밸리가 대표적인 사례다.

부천뿐만 아니라 수원, 군포, 용인, 화성 등지에서도 전략적으로 필요한 기업들을 집적화시켜 혁신활동을 왕성하게 하기 위해 지자체 주도의 아파트형공장 건설이 필요하다는 의견이 계속 나오고 있다. 그래서 지자체에서 입주기업 유치 및 임대 활성화를 위해 준공 1년 전부터 입주기업을 모집해 시세보다 저렴하게 임대를 받을 수 있는 아파트형공장을 선보이고 있다.

입주기업에게 제공하는 다양한 혜택

정부에서는 아파트형공장에 입주하는 기업들에게 다양한 혜택을 주고 있다. 가장 큰 혜택은 대출과 관련된 것인데, 먼저 대출 규제에 대해 알아보도록 하자.

LTV: Loan To Value Ratio
주택담보대출 비율을 말한다. 쉽게 말해 주택을 담보로 대출을 받을 때 인정되는 자산가치의 비율이다. 만약 LTV가 70%이고 3억 원짜리 주택을 담보로 돈을 빌리고자 한다면, 빌릴 수 있는 최대 금액은 3억 원 × 70%인 2억 1천만 원이 된다. 청약조정대상지역에 해당하는 서울의 LTV는 60%로 제한되어 있다.

DTI: Debt To Income

총부채 상환 비율을 말한다. 쉽게 말해 총소득에서 부채의 연간 원리금 상환액이 차지하는 비율이다. 만약 연봉이 5천만 원이고 DTI를 40%로 설정할 경우, 총부채의 연간 원리금 상환액이 2천만 원을 초과하지 않도록 대출 규모를 제한하는 것이다.

2018년 1월 31일부터 시행된 신DTI는 정부가 가계 부채 증가세를 억제하기 위해 내놓은 방안이다. 주택담보대출 시 차주가 갖고 있는 모든 대출을 주택담보대출 산정 시 계산한다.

DSR: Debt Service Ratio

총체적 상환 비율을 말한다. 쉽게 말해 주택담보대출뿐만 아니라 마이너스 통장, 자동차 할부, 신용대출 등 모든 금융권 대출에 대한 원리금을 연소득으로 나눈 비율이다. 주택담보대출 원리금으로 산출하는 DTI보다 더 포괄적이다.

예를 들어 연봉이 5천만 원이고 주택담보대출로 연간 원리금 상환액인 2,500만 원을 내야 한다면 DSR은 50%가 된다. 하지만 이미 5천만 원짜리 마이너스 통장이 있고 자동차 할부금을 매월 70만 원씩 내고 있다면 연간 원리금 상환액 2,500만 원에 마이너스 통장 500만 원(연간 10% 기준), 자동차 할부금 840만 원(12개월 기준)이 더해져 총 3,840만 원으로 DSR이 약 77%가 된다. 그렇기 때문에 만약 은행에서 DSR 70%를 적용한다면 대출이 거절될 수 있다.

먼저 다른 수익형 부동산에 비해 LTV, DTI, DSR 적용을 받지 않는 등 대출 규제가 적다. 그뿐 아니라 창업 및 벤처기업 법인세 50% 감면, 2019년 12월 31일까지 취득세 50% 감면, 재산세 37.5% 감면, 중도금 무이자 및 저금리 융자 금융지원 혜택 등 다양한 금융지원 및 세제혜택을 받을 수 있다. 단, 아파트형공장 취득 후 5년 안에 매각이나 증여를 할 경우 감면받은 취득세를 추징당하는 점은 유의해야 한다.

아파트형공장을 취득할 때는 반드시 취득세 감면을 신청해야 한다. 왜냐하면 아파트형공장 설립자가 사업시설용 분양 또는 임대하기 위해 신축 또는 증축해 취득하는 부동산에 대해서 취득세 감면을 받기 때문이다. 만약 아파트형공장을 분양받고 취득세 감면을 신청하지 않으면, 개발시행사에서 감면받은 취득세를 추징당하거나 다른 불이익이 발생할 수 있다. 그렇기 때문에 입주하기 전 취득세 감면을 신청하도록 되어 있다.

아파트형공장 분양 및 입주 관련된 세제지원은 입주기업, 업종, 지역, 신용도 등에 따라 혜택 조건이 다를 수 있다. 사전에 반드시 확인하도록 하자.

아파트형공장 입주 가능 업종 5년 이상 법인 및 개인사업자

항목	세율	비고
취득세	1.00%	취득세 2% / 납부세액 50%
등록세	1.00%	등록세 2% / 납부세액 50%
지방교육세	0.20%	등록세율(2%) × 20%
농어촌특별세	0.10%	취득세율(2%) × 10%
합계	2.30%	

아파트형공장 입주 가능 업종 5년 미만 법인

항목	세율	비고
취득세	1.00%	취득세 2% / 납부세액 50%
등록세	3.00%	등록세 2% × 3배 중과 / 납부세액 50%
지방교육세	0.60%	등록세율(2%) × 20%
농어촌특별세	0.10%	취득세율(2%) × 10%
합계	4.70%	

(출처: 한국산업단지공단)

서울에 위치한 아파트형공장의 2017년 3분기 기준 평균 매매가는 3.3m²당 768만 원으로 1년 새 10%가량 올랐다. 최근 주택 관련 규제에 이어 상가나 오피스텔 등 기존 수익형 부동산에 대해서도 부동산 임대업 RTI가 적용되는 등 대출 규제가 강화되면서 자금 마련이 쉽지 않아졌다. 따라서 틈새 투자처를 찾고 있던 수요자들이 아파트형공장으로

아파트형공장 입주 불가능 업종 5년 이상 법인

항목	세율	비고
취득세	2.00%	취득세 2%
등록세	2.00%	등록세 2%
지방교육세	0.40%	등록세율(2%)×20%
농어촌특별세	0.20%	취득세율(2%)×10%
합계	4.60%	

아파트형공장 입주 불가능 업종 5년 미만 법인

항목	세율	비고
취득세	2.00%	취득세 2%
등록세	6.00%	등록세 2%×3배 중과
지방교육세	1.20%	등록세율(2%)×20%
농어촌특별세	0.20%	취득세율(2%)×10%
합계	9.40%	

(출처: 한국산업단지공단)

눈길을 돌렸고, 매매가 상승세가 이어지고 있는 것이다.

RTI: Rent To Interest Ratio

이자상환비율을 말한다. 연간 임대소득을 연간 이자비용으로 나눈 비율이

주택임대업은 1.25배, 상가 및 오피스텔 등 비주택임대업은 1.5배보다 낮

으면 대출한도가 줄거나 대출 자체가 어려워질 수 있다. 이자비용이 월세의 2/3를 넘으면 안 된다는 뜻이다.

특히 산업단지가 아닌 도심권에 공급되는 아파트형공장은 기존의 오피스와 크게 다를 바가 없어 투자자들의 관심이 늘고 있다. 과거 제조업 중심의 아파트형공장은 90% 이상이 실제 입주기업에 분양되었지만, 최근에는 일반 투자자 수요의 비율이 50%가량 높아졌다.

또한 도심권에 위치하고 있는 아파트형공장은 일반 오피스에 비해 임대료가 저렴하기 때문에 임차인을 구하기도 쉽다. 임차인을 구하기 쉽다는 이야기는 공실의 위험이 극히 적다는 것이다. 시설 면에서 기존 오피스와 차이가 없는 데 비해 임대료가 저렴하니 강남권에 있던 IT 업종들도 강남을 떠나 아파트형공장으로 입주하고 있다. 아파트형공장의 임대료는 3.3m²당 4만 5천 원 안팎으로 비슷한 규모의 강남구 삼성, 역삼, 선릉 일대의 사무실과 비교해 3.3m²당 1만 원 정도 저렴하다는 메리트가 있다.

아파트형공장 설립 가능 지역에 관한 규정은 「산업집적활성화 및 공장설립에 관한 법률(이하 산집법)」에 따른다. 산집법 제26조, 제27조에 따르면 설립 가능 지역을 과밀억제 및 성장관리 지역과 자연보전 지역으로 구분하고 있다.

과밀억제 및 성장관리 지역에서는 지식기반산업 집적지구로 지정된

지구 안의 아파트형공장, 조시형공장 유치를 위한 아파트형공장, 협동화 사업 실천계획의 승인을 얻은 아파트형공장 등이 설립 가능하다. 자연보전 지역에서는 도시형공장 중 수질에 미치는 영향이 자연보전 지역의 지정 목적에 적합하다고 인정되는 공장이 설립 가능하다. 이때 산업단지 및 공장 지역에서는 업종을 불문하고 아파트형공장을 설립할 수 있다.

우리나라 산업단지 이해하기

산업단지는 공장용지뿐만 아니라 지식산업, 정보통신산업 관련 시설, 자원비축 시설과 교육, 정보처리, 유통시설, 그리고 이들 시설의 기능을 높이기 위해 시설의 종사자와 이용자를 위한 주거, 문화, 의료, 관광, 체육, 복지 시설 등을 집단적으로 설치하고자 포괄적 계획에 따라 지정·개발되는 토지를 말한다.

기반시설이 부족해 산업입지 여건을 충분히 갖추지 못한 지역에 양질의 기반시설을 갖춘 부지를 공급함으로써 기업입지를 촉진하는 데 목적이 있다. 개별입지 기업을 집단화해 기업의 환경오염을 줄이는 동시에 친환경적인 토지이용을 촉진하기 위한 수단이다.

2017년 9월 기준 전국에는 17개 권역 1,176개의 산업단지가 있다. 산업단지의 유형을 살펴보면 다음 표와 같다.

산업단지의 유형

구분	지정목적	지정권자	대상지역
국가 산업단지	국가기간산업 및 첨단 과학기술산업 육성	국토교통부장관	개발촉진 필요한 낙후지역,기간산업·첨단산업·입지로 양호한 지역
일반 산업단지	산업의 지방분산 촉진, 지역경제 활성화	시도지사(시장·군수·구청장도 가능)	시도 차원에서 균형발전을 위해 필요한 지역
도시첨단 산업단지	지식·문화·정보통신 산업 등 첨단산업 육성	국토교통부장관, 시도지사(시장·군수·구청장도 가능)	첨단산업 육성에 양호한 도시지역
농공단지	농어민 소득증대	특별자치도지사, 시장,군수,구청장	시군 내에서 입지조건이 양호한 지역
공업지역	공장의 집단설치를 통해 도시의 건전한 발전 추구	국토교통부장관, 시도지사	공업의 편익을 증진하기 위해 필요한 지역
중소기업 협동화 단지	중소기업의 협동화 사업으로 중소기업의 경쟁력 강화	시도지사	중소기업 집단화와 시설 공동화 등 협동화 사업을 위한 지역
외국인 투자지역*	외국인 투자 유치 촉진	시도지사	산업단지 및 외국투자가가 투자를 희망하는 지역
자유무역 지역	외국인 투자 유치,무역의 진흥,국제물류 원활화 및 지역개발 등을 촉진	산업통상자원부장관	화물처리 능력, 사회간접자본시설, 통제시설 등이 충분하거나 예정된 지역
경제자유 구역	외국인 투자기업의 경영환경 및 생활 여건 개선	산업통상자원부장관	외국인 유치 및 정주환경, 기반시설 확보가 가능한 지역

* 외국인투자촉진법 개정에 따라 산업집적 활성화 및 공장 설립에 관한 법률에 의한 외국인기업 전용단지를 외국인 투자지역으로 일원화함

산업단지의 종류와 목적

국가산업단지	• 2개 이상의 특별시·광역시·도에 걸치는 지역 • 국가기간산업·첨단과학기술산업 육성 • 낙후지역의 개발 촉진
일반산업단지	• 산업의 지방분산 및 지역경제 활성화
도시첨단 산업단지	• 지식산업, 문화산업 등 첨단산업 육성
농공단지	• 농·어촌 지역의 소득증대를 위한 산업 유치

다양한 목적으로 개발되고 있는 산업단지는 기업의 투자비용을 줄이고, 독자적으로 접근하기 어려운 서비스를 확보하게 한다. 또한 생산체계가 연관되어 있는 기업들을 모아 협력과 기술혁신을 통해 역량을 높일 수 있다. 국가와 지역 차원에서 산업경쟁력을 높이고, 산업의 지방분산을 가능하게 함으로써 국토의 균형발전을 유도한다.

다음으로 각 산업단지의 지정 목적과 현황에 대해 알아보자.

국가산업단지

국가산업단지는 국가기간산업 및 첨단과학기술산업의 육성과 특정산업의 집단화·계열화 등을 위해 필요한 경우, 지역 간 균형발전을 위해

산업집적도가 상대적으로 낮은 지역에 산업단지를 개발하는 경우, 입지여건상 대규모의 항만건설이 수반되는 경우, 2개 도(道) 이상에 걸치는 지역 또는 산업단지의 개발사업과 관련해 배후 도시건설 및 교통망 정비 등 광역적 사업시행이 필요한 경우 등에 지정한다. 국가산업단지는 국토교통부 장관이 지역 지정권, 실시계획 승인권, 준공인가원 등 일체의 인허가권을 가지고 있다.

국가산업단지 현황(44개)

한국수출국가산업단지, 명지·녹산국가단지, 대구국가산업단지, 남동국가산업단지, 광주첨단과학산업단지, 빛그린산업단지, 대덕연구개발특구, 온산국가산업단지, 울산·미포국가산업단지, 반월특수지역, 아산국가산업단지, 파주출판문화정보국가산업단지, 북평국가산업단지, 보은국가산업단지, 오송생명과학단지, 장항국가생태산업단지, 국가식품클러스터 등

일반산업단지

일반산업단지는 산업의 적정한 지방분산과 지방산업의 개발 및 기술고도화, 지역경제의 활성화 및 도시산업기반의 확충, 지역특화산업의 육성 및 집단화·계열화 등을 위해 필요한 경우에 시도지사가 지정할 수 있다. 서울시와 광역시를 제외한 인구 50만 명 이상인 시의 시장 및 산

업단지 지정면적이 30만m² 미만인 경우에는 시장, 군수 또는 구청장도 지정할 수 있다.

일반산업단지 현황(653개)

서울온수산업단지, 마곡일반산업단지, 부산과학일반산업단지, 신호일반산업단지, 성서1차일반산업단지, 달성1차일반산업단지, 인천일반산업단지, 송도지식정보산업단지, 본촌일반산업단지, 하남일반산업단지, 조치원일반산업단지, 세종벤처밸리일반산업단지, 동두천일반산업단지, 성남일반산업단지, 문막일반산업단지 등

도시첨단 산업단지

도시첨단산업단지는 지식산업, 문화산업, 정보통신산업 등 첨단산업의 육성과 여러 지역에 산재한 개별 첨단산업입지의 집적화를 위해 필요한 경우에 시, 도지사가 「국토의 계획 및 이용에 관한 법률」에 따른 도시 지역에 지정할 수 있다.

도시첨단 산업단지 현황(27개)

회동·석대도시첨단산업단지, 모라도시첨단산업단지, 부산에코델타시티도시첨단산업단지, 율하도시첨단산업단지, 동탄도시첨단산업단지, 판교

제2테크노밸리(구 판교창조경제밸리), 용인기흥힉스도시첨단산업단지, 네이버도시첨단산업단지(구 춘천NHN) 등

농공단지

농공단지는 지정승인권만 시도지사에게 있을 뿐 지정권, 실시계획 승인권, 준공 인허가권 등 일체의 인허가권은 시장, 군수, 구청장이 가지고 있다.

농공단지 현황(470개)

정관농공단지, 구지농공단지, 소촌농공단지, 달천농공단지, 노장농공단지, 도계농공단지, 금성농공단지, 백석농공단지, 부안농공단지, 화양농공단지, 장수농공단지, 금서농공단지, 대정농공단지 등

이러한 산업단지에서 입주업무를 수행하는 기관은 산업단지별로 다르다. 국가산업단지는 한국산업단지공단에서 관리하고, 일반산업단지와 도시첨단 산업단지는 지방자치단체, 산업단지 관리공단, 입주 기업체 협의회 등이 관리한다. 농공단지는 지방자치단체와 입주기업체협의회 등에서 담당한다.

마지막으로 지역별 산업단지 현황을 살펴보겠다.

서울 지역 산업단지 현황

종류	국가산업단지	일반산업단지	도시첨단 산업단지	농공단지
개수(개)	1	2	–	–
면적(천m²)	1,925	1,269	–	–

부산 지역 산업단지 현황

종류	국가산업단지	일반산업단지	도시첨단 산업단지	농공단지
개수(개)	1	30	3	1
면적(천m²)	8,841	33,590	900	258

대구 지역 산업단지 현황

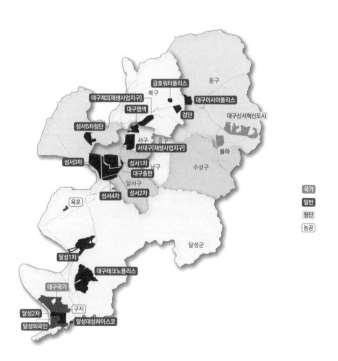

종류	국가산업단지	일반산업단지	도시첨단 산업단지	농공단지
개수(개)	1	16	2	2
면적(천m²)	8,549	35,276	316	353

인천 지역 산업단지 현황

종류	국가산업단지	일반산업단지	도시첨단 산업단지	농공단지
개수(개)	2	11	2	-
면적(천m²)	11,361	8,634	1,412	-

광주 지역 산업단지 현황

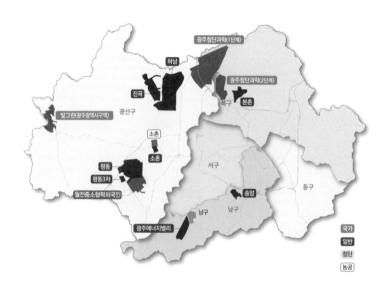

종류	국가산업단지	일반산업단지	도시첨단 산업단지	농공단지
개수(개)	2	8	1	1
면적(천m²)	11,839	16,462	486	324

대전 지역 산업단지 현황

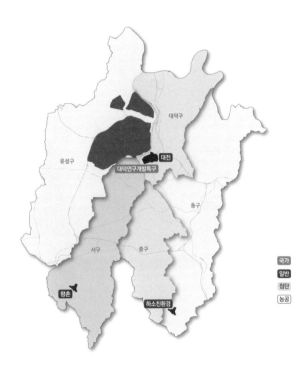

종류	국가산업단지	일반산업단지	도시첨단 산업단지	농공단지
개수(개)	1	3	-	-
면적(천m²)	67,809	3,493	-	-

울산 지역 산업단지 현황

종류	국가산업단지	일반산업단지	도시첨단 산업단지	농공단지
개수(개)	2	21	–	4
면적(천m²)	74,383	15,933	–	594

세종 지역 산업단지 현황

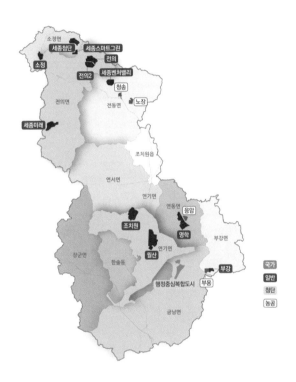

종류	국가산업단지	일반산업단지	도시첨단 산업단지	농공단지
개수(개)	–	11	1	4
면적(천m²)	–	8,014	751	556

경기(서북) 지역 산업단지 현황

종류	국가산업단지	일반산업단지	도시첨단 산업단지	농공단지
개수(개)	2	54	1	-
면적(천m²)	1,642	19,941	104	-

경기(동) 지역 산업단지 현황

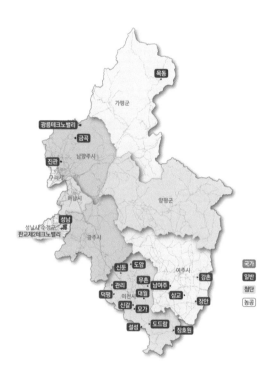

종류	국가산업단지	일반산업단지	도시첨단 산업단지	농공단지
개수(개)	-	20	1	-
면적(천m²)	-	2,864	430	-

경기도(서남) 지역 산업단지 현황

종류	국가산업단지	일반산업단지	도시첨단 산업단지	농공단지
개수(개)	2	84	5	1
면적(천m²)	170,272	41,248	590	117

강원도 지역 산업단지 현황

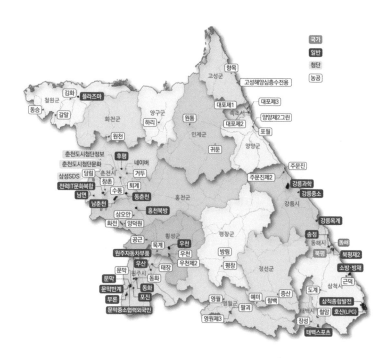

종류	국가산업단지	일반산업단지	도시첨단 산업단지	농공단지
개수(개)	1	24	4	43
면적(천m²)	4,278	14,510	352	6,934

충청북도(동북) 지역 산업단지 현황

종류	국가산업단지	일반산업단지	도시첨단 산업단지	농공단지
개수(개)	–	18	–	13
면적(천m²)	–	10,722	–	1,831

충청북도(서북) 지역 산업단지 현황

종류	국가산업단지	일반산업단지	도시첨단 산업단지	농공단지
개수(개)	1	47	2	18
면적(천m²)	4,628	43,497	263	2,500

충청북도(서남) 지역 산업단지 현황

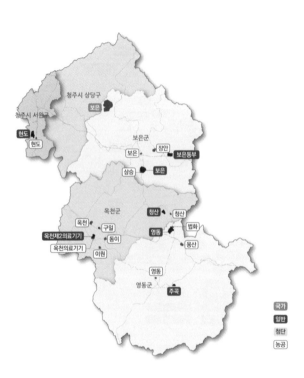

종류	국가산업단지	일반산업단지	도시첨단 산업단지	농공단지
개수(개)	1	6	–	12
면적(천m²)	4,178	3,816	–	2,584

충청남도(서북) 지역 산업단지 현황

종류	국가산업단지	일반산업단지	도시첨단 산업단지	농공단지
개수(개)	3	20	2	28
면적(천m²)	19,080	31,956	1,299	4,631

충청남도(서남) 지역 산업단지 현황

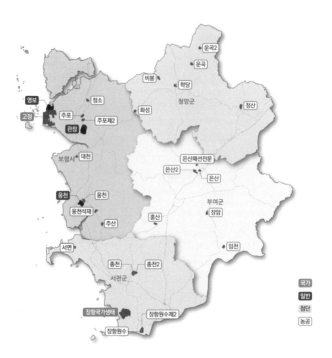

종류	국가산업단지	일반산업단지	도시첨단 산업단지	농공단지
개수(개)	2	3	–	24
면적(천m²)	9,026	4,376	–	3,939

충청남도(동북) 지역 산업단지 현황

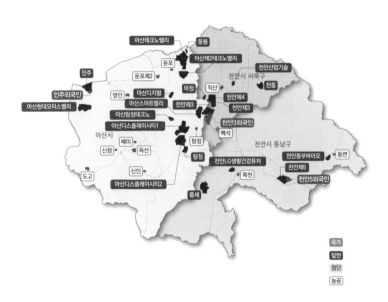

종류	국가산업단지	일반산업단지	도시첨단 산업단지	농공단지
개수(개)	-	20	-	13
면적(천m²)	-	22,796	-	1,734

충청남도(동남) 지역 산업단지 현황

종류	국가산업단지	일반산업단지	도시첨단 산업단지	농공단지
개수(개)	–	10	–	26
면적(천m²)	–	5,205	–	4,145

전라북도 지역 산업단지 현황

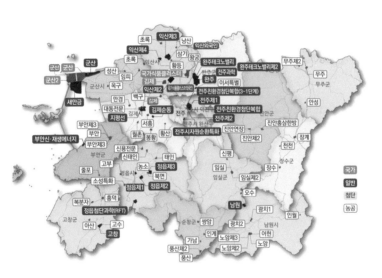

종류	국가산업단지	일반산업단지	도시첨단 산업단지	농공단지
개수(개)	4	23	1	57
면적(천m²)	69,075	53,094	110	10,545

전라남도 지역 산업단지 현황

종류	국가산업단지	일반산업단지	도시첨단 산업단지	농공단지
개수(개)	5	31	1	68
면적(천m²)	174,890	52,043	190	11,488

경상북도 지역 산업단지 현황

종류	국가산업단지	일반산업단지	도시첨단 산업단지	농공단지
개수(개)	6	73	–	69
면적(천m²)	83,724	50,649	–	11,690

경상남도(동북) 지역 산업단지 현황

종류	국가산업단지	일반산업단지	도시첨단 산업단지	농공단지
개수(개)	4	75	1	33
면적(천m²)	42,033	35,381	145	4,874

경상남도(서남) 지역 산업단지 현황

종류	국가산업단지	일반산업단지	도시첨단 산업단지	농공단지
개수(개)	5	31	–	23
면적(천m²)	18,697	25,172	–	3,299

경상남도(서북) 지역 산업단지 현황

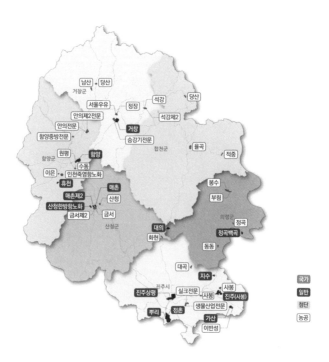

종류	국가산업단지	일반산업단지	도시첨단 산업단지	농공단지
개수(개)	–	8	–	25
면적(천m²)	–	10,209	–	3,737

제주도 지역 산업단지 현황

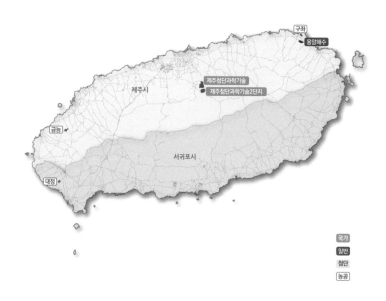

종류	국가산업단지	일반산업단지	도시첨단 산업단지	농공단지
개수(개)	2	1	-	3
면적(천m²)	1,947	197	-	312

아파트형공장이 지역경제에 미치는 4가지 영향

앞에서 지역별 산업단지 현황을 살펴보았다. 지방에서 아파트형공장 건설을 추진하는 이유는 바로 경제효과 때문이다. 이번에는 아파트형 공장이 지역경제에 미치는 영향에 대해 알아보자.

1— 지역기업의 경쟁력 강화

첫째, 지역기업의 경쟁력 강화효과다. 아파트형공장이 들어서면 도시 내에 산재해 있는 영세기업들을 집단화시킨다. 이를 통해 집적 경제효과를 볼 수 있을 뿐만 아니라 생산성 향상까지 기대할 수 있다. 즉 부대시설을 공동으로 설치해 이용하면서 규모의 경제 및 범위의 경제가 발생하게 되므로 개별 기업은 비용에 대한 부담이 줄어들게 된다.

또한 시설이 일괄로 관리되면서 관리 인력에 대한 부담도 절감할 수 있다. 아파트형공장에 지역에 기반을 둔 영세중소기업이 입주하면 좋은 이유다. 관리비용의 절감 및 경쟁력 강화라는 효과를 실현할 수 있는 것이다.

2— 지역의 고용률 상승

둘째, 지역 고용에 대한 효과다. 비싼 임대료를 감당하기 어려운 제조업체들을 대상으로 아파트형공장 입주를 유도해 대도시의 제조업 공동화 현상을 방지한다. 동시에 중소제조업체에게는 노동력을 원활하게 공급하고, 도시 영세민에게는 고용 기회를 제공해 소득기반을 마련하고 지역경제 활성화를 실현할 수 있는 것이다.

또한 아파트형공장과 인접한 대단위 아파트 주거지역에서 유휴 노동력의 고용을 용이하게 함으로써 대도시 중소기업의 고용난을 완화시켜주는 효과가 있다. 즉 중소공장의 생산직 노동자는 근로시간이 길고, 상황에 따라 파트타임 작업이 필요한 경우가 많기 때문에 일하는 곳과 사는 곳이 가까운 것만으로도 노동생산성을 높이는 효과가 있다. 따라서 비도시형 업종의 공장이 대도시 주변부로 분산되더라도 주거기능과 조화를 이룰 수 있는 아파트형공장을 통해 대도시의 노동력을 중소제조업체에게 원활히 공급할 수 있게 된다.

3— 지방 재정력 강화

셋째, 지방 재정력 기반 강화효과다. 한 지역에서 아파트형공장을 건립하게 되면, 비록 장기적 효과라지만 지방자치단체의 입장에서 도시계획세를 비롯한 각종 지방세의 징수효과가 기대된다. 또한 고용유발에 따른 주민세 등의 징수와 이에 따른 파급효과로 높은 세수 증대효과를 기대할 수 있다. 최초 아파트형공장에 입주한 기업에 대해 취득세와 등록세, 재산세와 종합토지세를 면제 또는 감면해주고 있으므로 단기적인 효과는 볼 수 없지만 장기적으로는 세수증대효과를 볼 수 있다.

4— 지역 토지이용 효율성 제고

넷째, 토지이용의 효율성 제고다. 대도시 지역에는 만성적인 산업용지 수급 불균형으로 절대적으로 산업용지가 부족하다. 그로 인해 지가가 상승하고 있는 실정이다. 대도시 내 제조업체들은 지가 상승에 따라 역외 이전이나 국외로의 이전을 생각할 수밖에 없는 상황이며, 실제로 이전하는 업체들도 많아지고 있다. 이는 앞서 언급했듯이 대도시의 제조업 공동화로 이어지고 있다.

이와 같은 여건에서 아파트형공장은 집약적인 토지이용으로 대도시 지역의 산업용지난을 해소하고, 도시토지 이용의 고도화에도 기여하고 있다. 아파트형공장은 용도지역상 공업용 지역, 자연녹지 지역 등에도 설립이 가능하고, 지가가 상대적으로 비싼 비공업지역에 대다수 입지할 수 있기 때문이다. 용도지역 제한에서 상대적으로 자유롭기에 토지를 효율적으로 이용할 수 있는 효과를 보여준다.

아파트형공장의 수익구조와 가격 결정력

아파트형공장은 입주기업에게 저렴한 임대료 등으로 혜택을 주고, 지역경제 활성화에도 도움을 준다. 개인이 이런 아파트형공장에 투자한다고 할 때 어떻게 수익을 얻을 수 있을까? 투자상품으로서 아파트형공장의 수익구조를 살펴보자.

시세차익과 임대료 수익에 주목하라

아파트형공장의 수익구조는 지가 상승에 따른 시세차익과 임대료 수익으로 구분할 수 있다.

우선 아파트형공장의 지가는 그동안 꾸준하게 상승해왔다. 특히 국가산업단지의 경우 주변 시세보다 훨씬 저렴한 금액에 분양을 시작했다. 3.3m²당 300만 원 정도로 낮은 금액에 분양을 완료했고, 지금은 3.3m²당 900만~1천만 원 정도의 금액에서 분양이 이루어지고 있다. 아파트형공장의 수요가 증가했고 주변 시설도 확충되어 지역 경제활동의 중심 역할을 제대로 해오고 있는 덕분에 꾸준하게 지가가 상승하고 있다.

그러나 만일 강남의 아파트처럼 급격한 상승을 기대하고 있다면 투자 포인트를 잘못 잡았다. 강남 아파트가 주식의 급등주라고 한다면 아파트형공장은 채권이다. 리스크가 적고 매년 꾸준하게 안정적인 수익률을 안겨주기 때문에 비슷하다고 할 수 있다.

이렇게 아파트형공장에 투자하면 부동산 시장이 하락한다고 해도 상당한 수익률 방어가 가능하다. 다른 수익형 부동산들의 경우 수요와 공급의 원칙, 그리고 각종 규제와 제도 변경에 따라 불어오는 바람을 그대로 맞아야 한다. 순풍이 불어올 때는 좋다. 반면 부동산 규제라는 역풍이 불어올 때는 가격이 하락하면서 그동안의 수익률을 반납해야 하는 상황이 생긴다.

그러나 지금까지 아파트형공장은 다른 부동산 가격이 하락한다고 하더라도 크게 하락하지 않는 특이한 모습을 보여왔다. 부동산 시장이 전반적으로 침체되어 있던 시기에도 아파트형공장의 매매가격은 변동폭이 상당히 작았다. 이러한 이유에서 꾸준하고 안정적인 수익을 얻고자 하는 투자자들이 아파트형공장 투자를 계속하는 것이다.

아파트형공장 투자의 또 다른 수익구조는 바로 안정적인 임대료 수익이다. 아파트나 오피스텔의 경우 보통 2년 정도의 주기로 중개수수료를 내면서 세입자를 구해야 한다. 세입자가 바로 구해지지 않는 일도 부지기수다. 그러나 아파트형공장의 경우 보통 일반 중소기업이 입점하기 때문에 공실에 대한 부담이 적다.

또한 회사는 직원들의 출퇴근을 배려해서 사옥을 쉽사리 바꾸지 않는다. 회사 사정이 어려워지더라도 다른 비용을 아껴서 임대료는 꼭 납부하려 한다. 따라서 아파트형공장에 투자한 투자자의 입장에서는 꾸준하고 안정적인 임대료 수익을 보장받을 수 있다. 그것도 아파트나 오피스텔 수익률의 2배 정도 되는 고수익을 얻을 수 있다.

분할해 수익을 높이는 공유 오피스

또 하나의 수익구조는 분할을 통한 공유 오피스다. 큰 평수의 아파트형공장이라면 파티션을 나눠 작은 회사 또는 외주업체에 사무실을 임대하는 등 남는 공간을 최대한 활용할 수 있다. 일명 '사무실 쪼개기'다. 같은 평수에서 받는 임대료가 많아지니 당연히 수익률이 높아진다. 투자자 입장에서는 가능하면 이렇게 2개 또는 3개로 쪼개서 임대하려고 노력한다.

최근 강남을 중심으로 위워크와 패스트파이브 등 공유 오피스의 열기가 무척이나 뜨겁다. 다양한 코워킹 스페이스(co-working space)와 협업이 가능하며, 마치 외국의 카페에 와 있는 듯한 느낌을 주는 인테리어도 큰 인기의 비결이다. 부동산은 결국 위치가 중요하기 때문에 서울의 한복판인 강남에 위치한 코워킹 스페이스는 여전히 수요가 충분하다.

그러나 우리나라의 정서상 아직까지 다양한 분야에서의 업무가 원활하게 공유되지는 않는 듯한 모습이다. 또한 공유 오피스에 입점해 있는 기업들은 대부분 충분한 자본금이 없는 상태에서 임대료를 줄여 남은 돈을 다른 곳에 투자하려고 하는 소규모 스타트업 형태다. 결국 공유 오피스는 철저하게 임대 방식으로 진행된다. 직원 수에 따라서 원하는 평수와 좌석 수를 선택할 수 있고, 매월 일정 금액의 임대료를 납부하는 방식이다. 넓은 공유공간에서 일을 한다면 지정 좌석이 없기 때문에 조금 저렴한 편이다.

개인 사무실을 얻기 위해서는 상당한 금액의 임대료를 납부해야 하고, 이 정도의 금액이라면 아파트형공장에 입점하는 것이 훨씬 유리하다. 젊은 층을 타깃으로 해 공유 문화를 창조하고 공유를 통해 임대비용을 줄여 다양한 시너지를 만들겠다는 취지의 공유 오피스의 형태는 이제 아파트형공장에 그대로 적용될 것이다.

아파트형공장 건물들은 갈수록 소형화, 그리고 개별화가 가능하도록 건축되고 있다. 또한 인원수와 직종에 따라 파티션으로 얼마든지 구분할 수 있으며, 공용화장실이나 구내식당 등의 편의시설도 잘 관리되기 때문에 업무에 전혀 지장이 없다. 정부에서 의욕적으로 추진하고 있는 청년 창업 지원 및 스타트업 기업 육성은 앞으로 더욱 아파트형공장을 중심으로 진행될 가능성이 크다. 공유 오피스의 장점에 아파트형공장의 장점까지 더한다면 앞으로 아파트형공장은 더욱 유망한 투자처가 될 것이다.

당장 아파트형공장에 입주할 수 없다면 공유 오피스에서 최대한 빨리 비즈니스를 성장시켜 아파트형공장에 입주해야 한다. 공유 오피스로 매월 나가는 임대료를 생각하면 아파트형공장을 매수해서 직접 사용하는 게 오히려 수익을 만드는 길이다. 시간이 지난 다음에는 시세차익을 얻을 수 있으며, 사업을 정리하고 떠나려고 할 때도 오히려 플러스피 (실투자금이 하나도 들지 않고 오히려 현금이 들어옴)를 받을 수도 있다.

특히 사업자를 내서 입점하는 경우 감정가의 80% 정도를 대출받을 수 있기 때문에 계산해보면 대출이자를 내면서 안정적으로 비즈니스를 꾸려가는 것이 더욱 유리할 수 있다. 게다가 해당 물건을 그대로 임대 주고 다른 곳에서 비즈니스를 할 수도 있다.

나도 공유 오피스의 철학을 좋아한다. 공유 하우스, 공유 공간, 공유 오피스 등 앞으로는 더욱 공유 문화가 확산될 것이다. 공유 오피스에서 시작해 비즈니스가 조금만 자리를 잡으면 아파트형공장에 입점해서 꾸준하게 활동할 수 있는 방향으로 정부의 정책은 진행될 것이다. 또한 청년 창업자들이 모여서 일할 수 있는 청년 주도 아파트형공장의 형태가 지역마다 조성되기 시작하면 초기 공유 오피스의 철학은 유지되면서 동시에 지역도 성장하는 계기가 될 것이다.

아파트형공장, 누구의 명의로 할 것인가

아파트형공장에 투자하기로 마음먹었다면, 그것도 부부가 함께 투자하기로 마음먹었다면 누구의 명의로 구입하는 것이 유리한지 따져보아야 한다. 아파트형공장에 투자하고 나서 임대사업자로 등록했을 때 누가 더 유리한지, 건강보험료나 국민연금 등의 세금 문제는 어떻게 될지, 꼼꼼히 따져보자. 아파트형공장은 한 번에 큰 수익이 나는 투자상품이 아니기 때문에 작은 것 하나라도 따져보아야 한다.

아내 명의로 한다면 꼭 확인하자

부부가 아파트형공장에 투자할 때 보통 남편은 직장생활을 하고 있기 때문에 아내의 명의로 아파트형공장을 매수하려고 한다. 아파트형공장으로 임대를 하려면 반드시 임대사업자로 등록해야 한다는 사실을 고려하지 않은 것이다.

아파트형공장을 매수 후 임대를 하게 되면 임대사업자로 등록해야 한다. 임대사업자로 등록하는 순간 아내의 직업은 주부에서 사업자가 되는 것이다. 사업자로 등록되는 경우에 건강보험은 피부양자에서 지역가입자로 바뀌게 된다. 즉 건강보험료를 직접 납부해야 한다는 뜻이다. 건강보험료는 소득과 자산금액을 평가해 점수로 계산하는데, 아파트형공장을 매매하고 임대사업자로 등록하는 순간 자신이 납부해야 하는 건강보험료는 매년 올라가며 평생 납부해야 한다.

따라서 아파트형공장으로 받을 수 있는 임대 수익률을 계산할 때 반드시 건강보험료 부분을 고려해야 한다. 국민연금도 마찬가지다. 건강보험료와 함께 지역가입자로 분류되기 때문에 국민연금도 직접 납부해야 한다. 남편 명의로 하는 것이 좋은지, 아내 명의로 하는 것이 좋은지 자산과 각자의 상황에 따라 다르기 때문에 이러한 부분은 정확히 계산해본 뒤에 진행하는 것을 추천한다.

또 한 가지 주의해야 할 점은 소득이 없는 주부라면 대출 연장과 갱신 시에 여러 가지 제약이 존재할 수 있다는 것이다. 물론 금액과 상황에 따라 다르지만 대출 한도와 금리 적용 부분에서 남편보다 불리할 수 있다. 필요하다면 남편의 소득을 증빙해 대출을 연장하거나 금리를 조정해야 하는 경우도 발생할 수 있다.

반면 남편 명의로 구입한다면 근로소득과 임대소득이 발생하기 때문에 매년 5월에 종합소득세를 신고해야 한다. 이렇게 되면 결국 세금이 늘어나니 아파트형공장 수익률에 변동이 생긴다. 아파트형공장을 매수하는 초기에 계산한 높은 수익률도 좋지만 세금적인 측면도 반드시 고려해야 하는 사항이니 꼼꼼한 확인은 필수다.

사람들은
아파트형공장에
어떻게
투자할까?

아파트형공장 투자 전 수익률을 알아보자

아파트형공장에 투자하려는 투자자라면 임대 수익률이 얼마나 되는지 가장 궁금할 것이다. 투자자들은 조금이라도 수익률이 높은 부동산에 투자하고자 현장을 확인한다. 아파트형공장 투자도 마찬가지다. 현장에서 마음에 드는 물건을 찾았다면 수익률을 계산해봐야 한다.

대출 여부로 달라지는 수익률

아파트형공장의 임대 수익률은 보통 6~15% 정도다. 물론 대출 여부와 보증금에 따라서 수익률은 달라진다. 그러나 웬만한 오피스텔이나 아파트의 임대 수익률보다 훨씬 높다는 것을 알 수 있다.

우선 부동산 수익률을 계산하는 방법에 대해서 알아보자.

대출이 있는 경우 수익률 계산식은 다음과 같다.

(월 임대료 × 12 − 대출이자 / 매매가 − 임대보증금 − 대출금) × 100

예를 들어 매매가 8억 원, 임대보증금 1억 원, 월 임대료 500만 원, 대출금 2억 원(이자 5%, 연 1천만 원)의 계산은 다음과 같다.

(500만 원 × 12 − 1천만 원 / 8억 원 − 1억 원 − 2억 원) × 100 =
(5천만 원 / 5억 원) × 100
———
10%

이번에는 대출이 없는 경우다. 수익률 계산은 다음과 같다.

(월 임대료 × 12 / 매매가 − 임대보증금) × 100

예를 들어 매매가 8억 원, 임대보증금 1억 원, 월 임대료 500만 원일 때 수익률은 다음과 같다.

(500만 원 × 12 / 8억 원 − 1억 원) × 100 =
(6천만 원 / 7억 원) × 100
———
8.5%

7억 원으로 매년 6천만 원씩 이자를 만들어가는 방식이다. 물론 이 계산식에서는 취등록세, 채권매입비용, 임대사업소득세 등의 비용은 제외했다.

만약 은행에 7억 원을 넣어두었다면 매년 얼마의 이자를 수령할 수 있을까? 시중금리 2%짜리 1년 만기 예금에 넣었을 경우에 세금을 전혀 떼지 않는 비과세로 계산해도 연 이자는 1,400만 원이다. `

예치금액	700,000,000원
	7억 원

예금기간	년	개월	1년	연이자율	단리	월 복리	2%
이자과세	일반과세	비과세	세금우대				

원금합계	700,000,000 원
세전이자	14,000,000 원
이자과세(0%)	0 원
세후 수령액	714,000,000 원

시중금리 5%짜리 1년 만기 예금에 넣었을 경우에는 연 3,500만 원이다.

예치금액	700,000,000원
	7억 원

예금기간	년	개월	1년	연이자율	단리	월 복리	5%
이자과세	일반과세	비과세	세금우대				

원금합계	700,000,000 원
세전이자	35,000,000 원
이자과세(0%)	0 원
세후 수령액	735,000,000 원

사람들은 아파트형공장에 어떻게 투자할까?

다른 부동산보다 아파트형공장이다

부동산 투자는 세금이라는 측면과 관리에 대한 부담이 있을 수 있다. 하지만 아파트형공장은 앞에서 설명한 것처럼 공실에 대한 위험이 적고, 취등록세 감면 혜택 등 다양한 제도를 활용할 수 있다. 아파트형공장에 투자해 훨씬 큰 수익을 만들어보자.

아파트형공장 특징

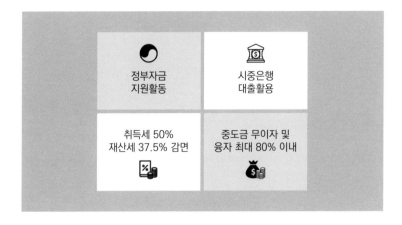

오피스텔 vs. 아파트형공장

최근 고령화와 1인 가구의 증가로 인해 1~2인 가구의 주거용으로 오피스텔, 아파텔(아파트와 오피스텔의 합성어) 형태의 부동산이 인기다. 최근에 나오는 모델들은 아파트 못지않은 깔끔한 상품으로 구성되어 실수요자가 증가하고 있는 추세다. 그렇다면 오피스텔은 아파트형공장을 대신할 투자처로 어떨까? 한번 비교해보자.

눈여겨봐야 할 것은 세금이다

가장 큰 단점은 바로 세금이다. 오피스텔은 세금이 높다. 오피스텔은 주택이 아니다. 그렇기 때문에 주택 외의 취득세율이 적용된다. 아파트의 경우 취득록세가 1~2% 정도지만 오피스텔의 경우 취득 가격에 상

분양가 2억 원일 때 취득세 비교

아파트 취득세(1.1%)	220만 원
오피스텔 취득세(4.6%)	920만 원

관없이 무조건 4.6%의 취득세를 내야 한다. 아파트와 오피스텔의 분양가가 2억 원이라고 한다면 아파트 취득세는 220만 원, 오피스텔의 취득세는 무려 4배가 넘는 920만 원이다.

오피스텔 취득세를 적게 내는 방법은 없을까? 주거용 오피스텔이라면 주택임대사업자 등록이 가능하다. 전용면적 60m² 이하인 경우 취득세 면제나 재산세 감면, 종부세 합산배제, 양도세 중과배제도 가능하기 때문에 여러 채를 운영할 계획이라면 임대사업자 등록을 고려해보는 것이 좋다.

부동산 투자자들의 심리적 마지노선이라 할 수 있는 5%대 수익률은 오피스텔의 경우 이미 2년 전부터 무너지기 시작했다. 물론 오피스텔 수익률이 4%라고 하더라도 시중은행 예금금리에 비하면 높다고 생각할 수도 있다. 그러나 각종 세금과 관리 등의 요소를 고려했을 때도 과연 그런지 곰곰이 생각해봐야 한다.

일반 부동산과 다른 오피스텔의 특징

오피스텔의 특징에 대해서 이야기해보자. 우선 오피스텔은 관리비가 비싸다. 보통 관리비는 분양면적을 기준으로 산정하는데 오피스텔은 아파트보다 복도, 계단, 주차장 등 공용면적이 차지하는 비율이 높은 편이다. 공용면적까지 관리비로 계산되다 보니까 관리비가 비싼 것은 당연하다. 아파트 관리비의 1.5배 정도로 생각하면 적당하다.

아파트의 경우 전용률(분양면적 대비 각 세대가 독립적으로 사용하는 전용면적의 비율)이 차지하는 비율이 높아 관리비가 적은 편이다. 반면 오피스텔의 경우 전용률이 45~50% 수준으로 낮다. 게다가 법 규정상 발코니를 지을 수 없기 때문에 열효율이 낮아 기본 난방비 등이 포함되어 관리비가 많이 나오는 것이다.

서울 오피스텔 수익률

(단위: %)

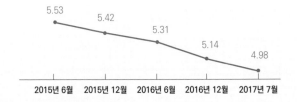

| 5.53 | 5.42 | 5.31 | 5.14 | 4.98 |
| 2015년 6월 | 2015년 12월 | 2016년 6월 | 2016년 12월 | 2017년 7월 |

(출처: KB국민은행)

사람들은 아파트형공장에 어떻게 투자할까?

관리비 가운데 비중을 많이 차지하는 것은 계절별 냉방과 난방일 것이다. 투자 시 공용으로 사용하는 중앙냉난방 시설보다는 자신이 사용한 만큼만 내는 개별냉난방 시설을 갖춘 오피스텔을 선택하는 것이 유리하다. 개별냉난방 시설을 갖춘 오피스텔은 표면적으로 월세가 다소 비싸게 느껴질 수 있다. 하지만 관리비까지 포함해서 계산해보면 중앙냉난방보다 총비용이 낮은 경우가 많다.

또한 오피스텔은 공용관리비까지 내야 한다. 공용관리비는 공용으로 사용하는 면적에 대한 관리비를 총 세대수로 나눈 금액이다. 총 세대수가 많은 오피스텔일수록 공용관리비는 그만큼 줄어들게 된다. 공용관리비를 줄이고 싶다면 오피스텔을 선택할 때 인근에 상업시설이 적은 오피스텔을 선택해야 한다. 상업시설이 많을수록 공용 공간이나 시설을 이용하는 사람이 많아져 공용관리비도 높아지기 때문이다.

간과해서는 안 되는 부분은 바로 중개수수료다. 오피스텔의 특성상 단기거주 세입자들이 많기 때문에 계약 만료 후 매번 발생하는 부동산 중개수수료도 임대인에게 부담이 된다. 오피스텔을 분양받는 경우에도 중개수수료는 들어가기 마찬가지다.

서울을 기준으로 보면 5천만 원 미만 부동산의 경우 최대 중개수수료는 25만 원(수수료율 0.6%), 5천만~2억 원 미만은 최대 80만 원(수수료율 0.5%)을 넘을 수 없다. 2억 원 이상 부동산 매매는 거래금액의 0.4~0.9% 이내에서 매도·매수자와 중개 사무소가 협의해 정하도록

주택(주택의 부속토지, 주택분양권 포함)

거래 내용	거래 금액	상한 요율	한도 액	중개보수 요율 결정	거래금액 산정
매매 · 교환	5천만 원 미만	0.6%	25만 원	중개보수는 거래금액×상한요율 이내에서 결정 (단, 이때 계산된 금액은 한 도액을 초과할 수 없음)	• 매매: 매매가격 • 교환: 교환대상 중 가장 큰 중개 대상을 가격
	5천만 원 이상 ~2억 원 미만	0.5%	80만 원		
	2억 원 이상~ 6억 원 미만	0.4%	없음		
	6억 원 이상~ 9억 원 미만	0.5%	없음		
	9억 원 이상	0.( )% 이내		상한요율 0.9% 이내에 서 개업 공인중개사가 정 한 좌측의 상한요율 이내 에서 중개의뢰인과 개업 공인중개사가 서로 협의 해 결정함	
임대 차등 (매매 · 교환 이외)	5천만 원 미만	0.5%	20만 원	중개보수는 거래금액×상한요율 이내에서 결정 (단, 이때 계산된 금액은 한 도액을 초과할 수 없음)	• 전세: 전세금 • 월세: 보증금 + (월차임액 100) 단, 이때 계산 된 금액이 5천 만 원 미만일 경우: 보증금 + (월 차임액 × 70)
	5천만 원 이상 ~1억 원 미만	0.4%	30만 원		
	1억 원 이상~ 3억 원 미만	0.3%	없음		
	3억 원 이상~ 6억 원 미만	0.4%	없음		
	6억 원 이상	0.( )% 이내		상한요율 0.8% 이내에 서 개업 공인중개사가 정 한 좌측의 상한요율 이내 에서 중개의뢰인과 개업 공인중개사가 서로 협의 해 결정함	

* 분양권의 거래금액 계산: [거래 당시까지 불입한 금액(융자 포함)+프리미엄] × 상한요율

(출처: 「서울특별시 주택중개보수 등에 관한 조례」 제2조)

사람들은 아파트형공장에 어떻게 투자할까?

오피스텔

적용대상	거래 내용	상한요율	보수요율 결정 및 거래금액 산정
전용면적 85m² 이하, 일 정설비(전용입식 부엌, 전용 수세식 화장실 및 목욕시설 등)를 갖춘 경우	매매·교환	0.5%	「주택」과 같음
	임대차 등	0.4%	
위 적용대상 외의 경우	매매·교환 임대차 등	0.( )% 이내	상한요율 0.9% 이내에서 개 업공인중개사가 정한 좌측의 상한요율 이내에서 중개의뢰 인과 개업공인중개사가 서로 협의해 결정함

(출처: 「공인중개사법」 시행규칙 제20조 제4항)

주택·오피스텔 외(토지, 상가 등)

거래내용	상한요율	중개보수 요율 결정	거래금액 산정
매매·교환· 임대차 등	거래금액의 0.( )% 이내	상한요율 0.9%이내에서 개업 공인중개사가 정한 좌측의 상한 요율이내에서 중개의뢰인과 개 업공인중개사가 서로 협의하여 결정함	「주택」과 같음

* 개업공인중개사는 「주택의 매매·교환 9억 원 이상」, 「주택의 임대차 6억 원 이상」, 「오피스텔(전용면적 85m²로 일정 설비를 갖춘 경우 제외)」, 「주택·오피스텔 외(토지·상가 등)의 매매·교환·임대차」에 대해 각 각 법이 정한 상한요율의 범위 안에서 실제로 받고자 하는 상한요율을 의무적으로 위 표에 명시해야 함
* 위 중개보수에 부가가치세는 별도임　　　　　　　(출처: 「공인중개사법」 시행규칙 제20조 제4항)

하고 있다. 2억~6억 원 미만은 상한요율이 0.4%, 6억~9억 원 미만은 0.5%, 9억 원 이상은 0.9%다.

그런데 이 수수료율을 무시하는 시장이 바로 아파트와 오피스텔 분

양권 시장이다. 요즘 서울과 수도권은 물론 지방 등 거의 대부분의 지역에서 분양권을 중개할 때 수수료율을 따르지 않는다. 법정 수수료보다 훨씬 더 높은 수수료를 요구해 수요자들의 피해가 늘고 있다.

오피스텔 투자의 위험성

오피스텔은 구입 후 분양가 대비 매매가가 하락할 가능성이 늘 존재한다. 주변에 오피스텔이 새롭게 들어서면 기존의 오피스텔은 상대적으로 경쟁력이 떨어진다. 오피스텔의 구조나 인테리어까지 최신 트렌드

전국 오피스텔 입주 물량

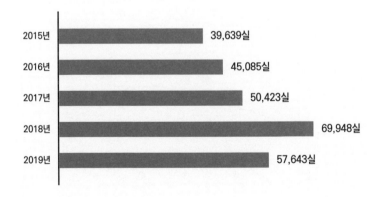

* 주: 2018~2019년은 예정 물량 포함   (출처: 부동산114)

사람들은 아파트형공장에 어떻게 투자할까?

전국 오피스텔 임대 수익률 및 금리 추이

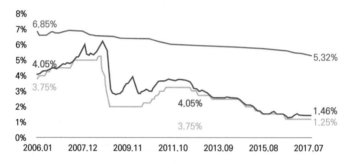

―― 오피스텔 임대 수익률   ―― 한국은행 기준금리   ―― 정기예금 금리

6.85%

4.05%

3.75%

5.32%

4.05%

3.75%

1.46%
1.25%

(출처: 한국은행)

서울의 오피스텔과 아파트형공장 평균 매매가 추이 비교

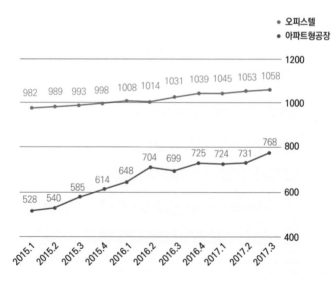

● 오피스텔
● 아파트형공장

982 989 993 998 1008 1014 1031 1039 1045 1053 1058

528 540 585 614 648 704 699 725 724 731 768

(출처: 부동산114)

를 반영한 신축 오피스텔에 사람들이 몰리는 것은 당연하다. 비슷한 임대료라면 더 깨끗하고 좋은 환경에서 살고 싶은 것이 사람들의 기본적인 욕구다. 이런 상황을 예상하지 못하고 잘못 구매한 오피스텔은 말 그대로 골칫덩어리가 될 수 있다.

오피스텔을 팔고자 마음먹은 경우에도 수요층이 아파트에 비해 적은 편이다. 그래서 당연히 아파트보다 환금성도 떨어진다. 오피스텔 투자와 입주 물량을 살펴보면 상황은 그렇게 긍정적이지 않다. 2017년 8·2 부동산 대책의 영향이 크다고 할 수 있다.

8·2 부동산 대책의 풍선효과로 아파트형공장 투자에 대한 관심도 상당히 높아졌다. 오피스텔은 청약조정대상과 투기과열지구에서 전매 제한이 있는 반면 아파트형공장은 각종 규제를 모두 피했기 때문이다.

반면 아파트형공장의 경우 오피스텔처럼 단기 임대 수요가 아닌 5년 이상 장기계약을 하는 기업체 위주의 안정적인 임차인이 확보되어 있다. 또한 갑작스럽게 주변에 아파트형공장이 개발되어 수요가 한쪽으로 몰리는 현상도 없다. 입주기업을 중심으로 모든 것이 움직이기 때문에 직장이라는 수요의 중심인 아파트형공장에 투자해야 하는 것이다.

상가 vs. 아파트형공장

'그동안 열심히 일해서 돈을 모았는데 노후에 상가 하나 정도는 가지고 있어야 하지 않나'라는 생각이 드는가? 하지만 욕심만으로 절대 무리하게 상가를 매입하면 안 된다. 특히 유동인구가 적은 지역에 나오는 저렴해 보이는 상가는 무조건 피해야 하는 물건이다. 상가 투자의 전망은 어떨까? 아파트형공장 투자에 비해 유리할까, 불리할까?

상가에 투자하려면 유동인구를 봐라

유동인구는 상가 매출에 직접적인 영향을 주는 요소로 매매가 결정에도 영향을 미친다. 반면에 아파트형공장은 오히려 유동인구의 핵심요인이기 때문에 주변의 영향을 받기보다는 주변에 영향을 주는 핵심요

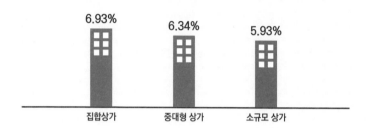

상가 투자 수익률 현황

6.93% 6.34% 5.93%

집합상가   중대형 상가   소규모 상가

* 2016년 기준   (출처: 한국감정원)

소다. 당연히 상가보다 주변 변화에 휩쓸릴 일이 적다.

여기서 조금 더 나아가 생각해보면 유동인구보다 더 중요한 것은 바로 소비인구다. 지하철역과 조금 떨어져 있지만 사람들의 소비금액, 즉 객단가가 큰 경우에는 조금 안쪽에 위치한 상가라고 하더라도 충분한 임대료를 받을 수 있다. 그러나 아무리 위치가 좋아 유동인구가 많다고 하더라도 실질적인 소비를 하는 소비인구가 상대적으로 적은 상가라면 가치가 높다고 평가하기 힘들다.

그렇다고 상가에 투자하지 말라는 것은 아니다. 상가에 투자할 계획이라면 아파트형공장 안에 위치한 독점상가나 지원시설 상가에 투자하는 것이 좋다. 또한 아파트형공장 주변 상권 중심에 위치한 상가를 선택해야 한다.

상가 물건을 매입할 때는 주변 시세보다 지나치게 싼 가격에 나온 물건은 최대한 피해야 한다. 상가 물건이 싸게 나왔다는 것은 그만큼 수익성이 떨어진다는 뜻이기 때문이다. 상당한 목돈을 투자한 사람 입장에서는 시세 차익을 얻고 떠나는 상황일 수 있지만, 이제 투자를 해야하는 사람에게는 실패할 확률이 높은 선택지일 수 있다.

상가 투자 시 주의해야 할 것들

상가 투자에 성공하기 위해서 중요한 것은 수익성 분석이다. 간단하게 수익성을 알아보려면 매입하고자 하는 물건의 권리금을 보면 된다. 권리금이 2천만 원인 상가와 권리금이 8천만 원인 상가의 가치는 수익성에서 난다. 상가는 눈으로 보이는 화려한 외관이 중요한 것이 아니라 유효수요가 얼마나 있는지가 제일 중요하다. 상가 투자에서 반드시 기억해야 할 것은 2가지다. 첫째는 위치이고, 둘째는 동선이다. 아무리 좋은 상가건물이라고 하더라도 동선이 불편해 사람들이 다니지 않는다면 그다지 매력적인 물건은 아니다.

또한 상가는 오피스텔과 마찬가지로 새롭게 지어진 신축건물로 상권이 이동할 수 있다는 점을 주의해야 한다. 신축건물에 유명 브랜드가 입점하면서 상권을 새롭게 형성하기도 한다. 소위 말해 뜨는 상권과 지는 상권이 생길 수 있다는 것이다. 반면에 아파트형공장은 주변에 새로 생긴 건물이 있다고 하더라도 기업 입장에서 쉽게 움직이지 않는다. 또한 업무환경이 개선되면서 더욱 많은 시너지를 낼 수 있기 때문에 오히려 반기는 경우도 있다.

　마지막으로 감정가가 시세는 아니라는 점을 반드시 기억해야 한다. 아파트나 오피스텔 같은 경우 비슷한 크기와 구조, 위치로 시세를 확인하는 것이 비교적 쉬운 편이다. 그러나 상가 같은 경우 감정가와 시세의 차이가 상당히 크고, 심한 경우에는 몇 배씩 차이가 나는 경우도 있다. 따라서 상가를 매입할 때는 반드시 현장에 가서 직접 눈으로 확인해야 한다. 발품을 팔아야 좋은 물건을 구할 수 있다.

아파트형공장을 배후로 상가에 투자하라

개인에게 임대를 주는 상가와 달리 보통 법인에게 임대를 주는 아파트형공장은 한 번 계약하면 계약만료 시까지 공실 걱정 없이 안정적으로 임대수익을 올릴 수 있다. 아파트형공장 투자의 가장 큰 장점이다. 주변에 보면 경매로 아파트나 오피스텔에 투자하는 사람들이 많다. 몇 번 투자에 성공해본 사람들은 다음 단계로 상가를 경매로 낙찰받으려고 한다. 경매로 상가를 취득하는 경우 건물가에 대한 부가가치세 10%를 내지 않아도 된다는 점도 투자자에게 매력적이다.

　그러나 반드시 생각해봐야 할 것은 '왜 상가가 경매로 나왔느냐' 하는 것이다. 경매로 나왔다는 이야기는 대출을 갚지 못했다는 의미고, 이는 상가건물에 공실이 이어져서 문제가 있었다는 것을 반증한다. 따라서 경매로 상가건물을 취득하기 위해서는 상권분석부터 권리분석까지 정말 철저하게 해야 한다. 그럴 자신이 없다면 경매에 도전하지 말자.

 그나마 가장 안전한 상가 투자 물건이 바로 아파트단지 내 상가와 아파트형공장 내 입점해 있는 상가다. 아파트 단지 내 상가는 아파트에 살고 있는 기본 수요층이 있기 때문에 수익이 안정적이다. 또한 아파트형공장 내에 있는 상가 역시 수요층이 명확하고 상권이 이미 확보되어 있는 가장 안정적인 투자처라고 할 수 있다. 따라서 아파트형공장에 투자를 하면서 아파트형공장 내 상가에까지 투자하는 것을 추천한다.

 과거 상가 투자는 부동산 투자의 '꽃'이라고 불렸다. 아파트형공장 투자는 부동산 투자의 '갑'이라고 할 수 있다. 아파트형공장에 5천만~1억 원 정도의 목돈을 투자한다면 같은 금액을 아파트나 오피스텔에 투자했을 때보다 훨씬 높은 수익률을 만들 수 있다. 안정적으로 임대료를 얻으며 시세차익까지 얻을 수 있는 아파트형공장 투자를 당장 시작해야 하는 이유다.

꼬마빌딩 vs. 아파트형공장

최근 꼬마빌딩이라고 불리는 중소형빌딩이 매물로 나온 경우에는 대부분 가격이 상당히 비싼 편이다. 왜냐하면 매도자가 이미 저렴한 빌딩을 매입해서 리모델링한 뒤 충분한 시세차익을 얻은 상태에서 내놓기 때문이다. 이 상황에서 초보 투자자는 꼬마빌딩을 매입하려고 노력한다. 꼬마빌딩 투자, 과연 괜찮은 걸까?

똑똑한 꼬마빌딩을 찾아야

보통 꼬마빌딩을 매입하기 위해 매매가의 약 60%까지 대출을 받는다. 수익성을 높이기 위해 레버리지(대출)를 활용하는 것이다. 그러나 매입 당시에는 꼬마빌딩에 입주한 상가에 손님들이 많이 드나들어 꾸준하게 임대료가 나올 줄 알았는데, 막상 꼬마빌딩을 매입하고 난 뒤에는 예상과 달랐다. 「부정청탁 및 금품 등 수수의 금지에 관한 법률(김영란법)」의 여파로 고급 레스토랑과 한정식집이 줄줄이 문을 닫은 것이다. 지하에 있던 주점 및 노래방도 문 닫기는 마찬가지다.

꼬마빌딩이 아니더라도 강남에 위치한 빌딩에도 1층이 임대로 나와 있는 건물이 수두룩하다. 서울 교대역 부근에 있는 6층 꼬마빌딩의 2층 자리는 4년째 주인을 찾지 못하고 공실 상태로 있다. 날고 긴다는 강남에서 이런 현상이 벌어지고 있다. 상황이 이렇다 보니 자금력이 충분한 투자자들의 경우 똑똑한 빌딩 한 채만 매입해 보유하려고 한다. 상품 가치가 없는 물건들은 정리되고 있어 자연스럽게 시장에 꼬마빌딩 물건이 쏟아져 나오고 있는 것이다.

거래량이 떨어지고 있는 꼬마빌딩

50억 원 미만의 서울 빌딩 거래량 자료를 보면 거래량이 심각하게 하락하고 있다. 김영란법과 계속되는 불황으로 인해 사람들은 지갑을 닫았다. 장사가 잘 되던 음식점에서는 예전만큼 매출이 나오지 않자 건물주에게 임대료를 줄여달라며 매일 하소연을 한다. 이런 상황에서 꼬마빌딩 소유주는 스트레스를 받을 수밖에 없고, 임대료가 떨어지다 보니 수익성 악화라는 결과로 이어지게 된다.

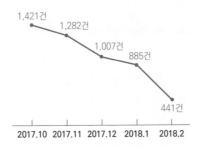

50억 원 미만 서울 빌딩 거래량

1,421건
1,282건
1,007건
885건
441건

2017.10　2017.11　2017.12　2018.1　2018.2

(출처: NAI프라퍼트리)

　꼬마빌딩의 가장 큰 리스크는 공실이다. 공실 하나로 인해 전체 임대료 하락 및 건물 가치 하락이 연쇄적으로 일어난다. 이런 경우에는 팔려고 내놔도 쉽게 팔리지 않는다. 또한 매매가격 50억 원 이하의 꼬마빌딩은 개인이 85.4%를 소유하고 있다. 이들의 대부분은 앞에서 말한 것처럼 레버리지를 활용했다. 이렇게 임대수익이 줄어들게 되면 더 이상 시장이 매력적이지 않다는 의미다.

　부동산은 지역마다 물건마다 재무적·비재무적 가치평가가 동시에 이루어지는 상품이기 때문에 단정 지을 수 없다. 그러나 꼬마빌딩에 투자할 자금력이라면 아파트형공장에 투자해 훨씬 안정적이고 꾸준한 임대수익을, 공실 위험 없이 누릴 수 있다는 점을 기억하길 바란다.

아파트형공장에 어떻게 투자했을까?

나의 첫 번째 투자 물건은 광명에 있는 아파트형공장이었다. 광명은 앞에서 이야기한 친구가 매매한 아파트형공장이 있는 곳이다. 친구에게 월500프로젝트를 듣고 급한 마음에 우선 광명 지역을 알아보기 시작했는데, 한껏 기대에 부풀어 아파트형공장을 찾았지만 생각했던 것과 달랐다.

첫인상으로 결정해서는 안 된다

제일 먼저 중개사무소에서 알려준 아파트형공장 매물에 방문했다. 사무실은 들어가자마자 쾌쾌한 담배냄새로 가득해 들어서자마자 저절로 미간이 찌푸려질 정도였다. 아파트형공장은 사무뿐만 아니라 간단한 제조나 설비 시스템이 갖춰 있어 관련 업무까지 가능한 곳이다. 그러다 보니 일반 사무실 어울리지 않는 몇몇 장비도 보이고 환기도 안 되어서 칙칙한 느낌이 들었다. 지난번 친구와 함께 살펴본 아파트형공장 사무실과 완전히 다른 모습이었다.

처음 매입을 생각하고 보러 간 물건이었는데 입주기업 때문에 아파트형공장의 첫인상이 상당히 안 좋았다. 아파트를 구입하려고 물건을 보러 갔는데 거실은 난장판이고 아이들은 정신없이 뛰어다니며 정리되지 않은 온갖 물건들이 널부려져 있다고 상상해보자. 당장 한숨부터 나오고 다른 물건을 보러 가고 싶을 것이다. 내가 살펴본 첫 아파트형공장도 느낌은 비슷했다.

나는 첫인상이 아닌 아파트형공장의 본질, 그 자체에 집중하기로 했다. 평수와 구조만 보기로 마음먹은 것이다. 아파트형공장은 아파트와 달리 층수가 중요하지 않다. 일반 아파트처럼 '로열층'이라는 개념이 없다. 첫인상이 안 좋았던 해당 물건은 평수도 좋고 구조도 깔끔했다. 그뿐만 아니라 나중에 사무실을 분할해 사용할 수도 있겠다는 생각이 들었다. 다른 것보다 청소와 인테리어가 중요했다. 500만 원 정도면 원하는 성과를 낼 수 있을 것 같았다.

구석구석 살펴본 뒤 바로 업자를 불러서 인테리어를 새로 했다. 인테리어가 끝나고 나니 안 좋았던 첫인상은 완전히 사라졌다. 새로운 공간이 탄생한 것이다. 처음 투자를 결심했을 때 청소와 인테리어를 끝낸

아파트형공장과 내부 모습

뒤 바로 임대를 줘서 매월 150만 원 이상을 받으려고 마음먹었던 물건
이었다. 그러나 새롭게 단장한 사무실이 너무 마음에 들었고 다른 사람
에게 주기 아까울 정도였다. 결국 내가 운영하던 회사의 사무실을 옮겨

직접 입주해야겠다고 생각했다. 이전까지 사용하던 사무실보다 훨씬 넓은 데다 업무 공간과 탕비실, 그리고 미팅룸까지 확보되어 있어서 길게 고민하지 않았다.

처음 투자한 아파트형공장에 입주하다

결국 직원들을 내가 처음으로 산 아파트형공장에 입주시키고 함께 근무를 시작했다. 아파트형공장으로 사무실을 이전해 새롭게 일을 하면서 이곳의 편리성과 투자가치에 대한 안정성을 직접 몸으로 느낄 수 있었다.

아무래도 사업체가 많이 입주해 있다 보니 은행업무나 출력업무 등을 쉽게 해결할 수 있는 편의시설이 있다. 그뿐만 아니라 마케팅업체, IT업체 등 다양한 기업들이 입주해 있어 관련 업무까지 해당 지역 내에서 해결할 수 있었다. 또한 아파트형공장에 위치한 은행은 아파트형공장 투자자나 입주자에게 전문적인 대출 및 상담 서비스를 제공하기 때문에 도움을 받는 것도 상당히 수월했다.

첫 번째 아파트형공장 투자는 이렇게 내가 직접 입주하면서 시작되었다. 처음부터 아파트형공장의 장점을 직접 경험하다 보니 더욱 본격적으로 아파트형공장에 투자하기 시작했다. 아파트형공장 투자는 지금까지 계속되고 있고 현재는 아파트형공장과 아파트를 포함해 100억 원에 가까운 부동산 자산을 소유하게 되었다. 처음에는 함께 캠핑을 간 친구를 따라서 투자를 시작했지만 지금은 친구의 자산을 뛰어넘었고 이제는 그 이상을 바라보고 있다.

나 역시 처음에는 부동산 바보에 속했다. 친구에게 아파트형공장 투자 이야기를 듣지 않았다면 지금까지도 부동산 바보였을지도 모른다. 물론 누구나 이야기를 듣는다고 해서 부동산 투자를 시작할 수 있는 것은 아니다. 분명 성격적인 부분도 작용했다. 나는 무엇이든지 배우고 듣고 나면 바로 생활에 적용하는 습관이 있다. "친구 따라 강남 간다"라는 말처럼 친구 따라 진짜 부동산을 구입하기 시작한 것이다. 지금 부동산 자산의 증가 속도는 더욱 빨라지고 있다. 자산이 커지면 커질수록 목표를 달성해가는 데 걸리는 시간이 계속 단축됐다. 마치 가속도가 붙은 것처럼 무서울 정도로 커지고 있다.

이제는 부동산을 마치 쇼핑하듯이 투자한다. 사실 쇼핑보다 부동산 투자가 더욱 즐겁다. 부동산 쇼핑은 나에게 매월 꾸준한 현금흐름을 만들어주고 자산가치를 상승시켜주기 때문이다. 단순히 돈이 불어나는 재미가 아닌 불어난 돈으로 가족과 함께 할 시간적 여유를 만들 수 있고 운영하는 계측기 사업에 더욱 많은 자원을 투입하고 활용해서 사업을 키워나갈 수 있기 때문이다.

꿈을 꾸는 것만으로는 꿈을 이룰 수 없다. 꿈은 반드시 실천해서 자신에게 선물해주어야 한다. 나의 월500프로젝트는 이미 달성했다. 지금은 월 '천' 프로젝트를 넘어 지금은 월 '억' 프로젝트에 도전하고 있다. 다시 한 번 꿈을 현실로 만드려고 노력하고 있다.

대출을 이용한 두 번째 투자

두 번째 아파트형공장 투자는 구로에 있는 아파트형공장이다. 당시 매매가는 2억 원이 조금 넘었다. 그런데 대출을 80%까지 받을 수 있어 가지고 있는 현금 5천만 원으로 투자할 수 있었다. 당연히 매입 후 바로 임대를 주어서 매월 120만 원의 임대료를 받았다.

앞에서 말했지만 보통 두 달치는 각종 세금과 기타 비용으로 나간다고 생각해야 한다. 이를 감안하고도 대략 어림잡아 1년에 1천만 원이라는 현금이 꼬박꼬박 들어온다. 대출이자를 제하고도 월 100만 원씩 들어오기 시작했고, 불과 2년도 지나지 않아서 주변 지가가 상승해 시세 차익도 챙길 수 있었다. 현금 5천만 원으로 매년 1천만 원을 버는 '황금 알을 낳는 거위'를 찾은 것이다.

나는 이런 식으로 목돈이 생기면 바로 아파트형공장 물건을 알아보고 구입해 매월 임대료를 받는 투자를 계속해왔다. 지금은 매매가가 올라서 지역마다 종류마다 수익률이 조금씩 다르다. 그러나 현금 5천만 ~1억 원 정도만 가지고 있다면 얼마든지 투자를 시작할 수 있다.

은행에 넣어둔 1억 원에서 받을 수 있는 월 이자는 고작 15만~18만 원 수준이다. 그러나 아파트형공장에 투자하는 경우에는 최소 80만~100만 원 정도 받을 수 있다. 2~3년 뒤에는 시세차익까지 얻을 수 있기 때문에 반드시 투자해야 한다. 강조하지만 같은 금액으로 오피스텔이나 아파트에 투자했을 때보다 얻는 수익률은 아파트형공장이 확연하게 높다. 망설이지 말고 아파트형공장에 투자하라.

아파트형공장 내 독점상가에 투자하기

투자할 만한 아파트형공장의 물건은 발품을 팔고 기다리면 구할 수 있다. 얼마든지 좋은 물건을 찾을 수 있다고 믿는다. 그러나 아파트형공장 투자에서 '신의 한 수'라 불릴 수 있는 투자는 바로 독점상가에 대한 투자다.

상권이 확보되어 있는 독점상가

대부분의 사람들은 '우와, 건물이 깨끗하고 좋네. 아파트형공장을 분양받으면 이익이겠다'라고 생각한다. 하지만 나는 아파트형공장의 독점상가를 가장 먼저 분양받기 위해 노력한다. 독점상가는 말 그대로 형성되어 있는 상권에서 독점으로 영업할 수 있는 권리가 부여된 공간이다. 편의점이나 중개사무소, 카페 등이 대표 물건이라고 할 수 있다. 왜 독

아파트형공장 내 독점상가들

점상가에 투자해야 할까?

아파트형공장 내 독점상가는 상권이 쉽게 활성화된다. 일반상가와 달리 구매력이 좋은 기업체 관계자들이 근무하며 이용하는 일이 많기 때문이다. 또 전체 연면적의 10% 내외로 상가가 만들어지기 때문에 희소성도 있다. 입주기업에 근무하는 소비자뿐만 아니라 외부 소비자도 있다. 아파트형공장이 고층으로 건축될 때는 반드시 녹지공간을 확보해야 하고 주차장 시설 또한 완비해야 한다. 쾌적한 녹지와 주차공간은 외부 소비자의 접근성을 높인다.

2014년, S타워의 편의점이 매물로 나왔다. 그동안 여러 지역에 분산해서 아파트형공장에 투자해본 결과 직접 아파트형공장 투자의 안정성과 우수성, 그리고 수익성까지 확인했기 때문에 망설임은 없었다. 문제는 돈이었다. 편의점 자리의 분양가는 높은 프리미엄까지 포함해 6억원 정도였다.

투자 전에는 1억 원이 넘는 프리미엄까지 주면서 독점상가를 매입해야 하나 고민하기도 했다. 그러나 일단 매입하면 보증금 1억 원과 월세 420만 원을 받을 수 있는 물건이었다. 1억 원을 투자해서 월 50만 원의 임대료가 발생하면 대략 연 6% 정도의 투자 수익률이 나온다. 따라서 5억 원을 투자하면 최소한 월 250만 원은 받아야 연 6% 정도의 수익률이 나온다.

편의점 물건을 살펴보자. 1억 원이라는 프리미엄을 고려하고도 매월 임대료가 420만 원이 나온다. 계산해보면 10%가 넘는 수익률을 얻을 수 있는 투자인 것이다. 만약 매입할 때 대출을 이용한다면 수익률은 더욱 높아질 것이다.

독점상가 중 편의점에 주목하라

아파트형공장의 독점상가 중 편의점은 반드시 눈여겨봐야 한다. 보통 대기업에서 편의점 자리를 지지하기 위해서 서로 경쟁을 한다. 보증금 1억 원에 월 420만 원이라는 임대료는 입점하는 브랜드를 바꾸게 되면 올라간다. 기업 입장에서는 경쟁사 점포 하나를 없애고 자사의 점포를 늘려가는 개념이기 때문에 어떻게든 좋은 입지에 자사 브랜드 편의점을 입점시키고 싶어 한다. 서로 경쟁을 통해 임대료는 자연스럽게 올라가게 된다. 실제로 2014년에 매입한 S타워 편의점은 매입 후 정확히 2년 뒤에 입점했던 회사의 브랜드가 바뀌면서 임대료가 450만 원으로 올라갔다.

누군가는 은퇴 이후에 집 근처에서 편의점 하나를 운영하고 싶다는 꿈을 꾼다. 하지만 현실은 녹록지 않다. 예를 들어 편의점에서 담배 한 갑을 팔 경우에 각종 수수료를 제외하고 한 갑에 250원 가량 남는다. 하루 100갑을 넘게 팔아야 약 2만 5천 원 정도의 수익이 남는 것이다. 물론 편의점에서는 담배 말고도 주류와 음료수, 도시락 등 각종 상품을 팔아서 매월 소득을 만드는 것이지만 내가 선택한 길은 편의점이라는 독점상가를 구입한 것이다. 그것도 수익이 보장되어 있는 아파트형공장 내 독점상가를 말이다. 일을 하기보다는 사람들이 일하고 싶어 하는 공간을 소유한 것이다.

예전에 부루마블이라는 게임을 하면서 배운 지혜가 있다. 사람들이 거쳐가고 넘어가는 곳에 자리를 잡고 자릿세를 받는 것이다. 땅을 먼저 사면 게임이 점점 쉬워지고 결국에는 승리하게 된다. 부동산 투자에도 똑같은 원리가 적용된다. 아파트형공장의 사무실도 좋지만 편의점이나 중개사무소 등 독점상가를 소유한다면 당신은 꿈을 달성하는 데 더욱 속도가 빨라지게 될 것이다.

아파트형공장 단지 내 상가는 개인도 분양받을 수 있다. 안정적인 수익률과 낮은 공실률로 알 만한 사람은 다 알고 이미 투자를 하고 있다. 더 늦기 전에 투자해야 한다.

아파트형공장에서 직접 사업을 시작하라

나는 사람들에게 사업을 하라고 자주 이야기한다. 남들 밑에서 일하면서 월급을 받는 삶보다는 월급을 주는 삶이 더 멋지다고 생각하지 않는가? 늘 자신이 인생의 주인공이 되어야 하고 늘 사장의 마인드로 살아가야 한다고 강조하는 편이다.

최근에는 소자본으로 창업을 많이 하고 있고 정부에서도 소자본 창업을 적극적으로 유도하고 있다. 이런 추세에 맞춰 새로 지어지는 건물들도 점차 소형화되고 있다. 아파트형공장 역시 마찬가지다. 작은 평형으로 나오는 아파트형공장은 소자본 창업에 최적화되어 있다. 그래서 나는 젊은 청년이나 은퇴를 앞둔 장년층에게 자신이 직접 분양받으라고 조언한다. 자신의 사무실을 차리기 위한 용도로 말이다.

왜 아파트형공장인가? 아파트 부근의 상가에서 장사를 하다가 임대기간이 만료되거나 계약조건이 바뀌게 되면 약간의 권리금을 받고 가

게를 접어야 하는 경우가 종종 생긴다. 권리금이라도 받으면 다행이지만 고생한 보람 없이 본전도 못 찾거나 오히려 손실을 입고 떠나야 할 때도 있다. 그러나 아파트형공장은 그러한 걱정에서 자유로울 수 있다. 자신이 직접 사업을 목적으로 분양받은 공간이기 때문에 안정적으로 장기적으로 사업을 꾸준히 준비해나갈 수 있다.

아파트형공장에서 사업 시 장점

아파트형공장에서 사업을 시작한다면 건물 내에 입주해 있는 지원센터와 다양한 시설에서 여러 혜택을 누릴 수 있다. 기본적으로 아파트형공장을 분양받는 과정에서 세제 혜택을 받을 수 있고, 직접 분양받은 아파트형공장에서 사업을 시작하면 처음부터 구상한 사업에 맞는 각종 혜택을 받을 수 있어 유리하다. 토지도 분양가 대비 저렴한 가격에 구입할 수 있기 때문에 향후 분양받은 아파트형공장을 임대를 주거나 매도를 하더라도 시세차익을 얻을 수 있다.

　나 역시도 처음에는 임대를 목적으로 아파트형공장을 매입하려고 방문했다가 운영하는 회사의 사무실로 쓰기로 결정하고 아예 사무실을 옮겼다. 또한 바로 위층에 매물로 나온 아파트형공장을 부동산 중개인이 자신과 부모님의 노후용으로 구입하는 모습을 보면서 더욱 아파트형공장 투자에 대한 확신이 생겼다.

만약 사업을 한다면 개인이 매입한 아파트형공장을 법인에게 임대해 매월 일정한 임대료를 받을 수 있다. 그렇게 활용한 아파트형공장이 2014년 8월경에 매입한 A타워3차로 당시 매매가가 3억 원 수준이었다. 보증금은 1,900만 원에 월세는 190만 원을 받을 수 있었다. 현재 시세는 대략 4억 원 정도다. 연 수익률로 따져보면 8%가 넘고 대출을 활용해 더욱 큰 수익률을 얻을 수 있었다.

결론적으로 사업을 하려는 사업주가 직접 아파트형공장을 분양받는 것이 가장 효과적이고 안정적인 방법이다. 아파트형공장에 입주할 수 있는 산업군은 앞에서 언급했다. IT나 교육 등 다양한 지식산업이 입점 가능하기 때문에 자신의 비즈니스를 고려해서 아파트형공장을 소유하는 것이 좋다.

새로운 수익을 주는 아파트형공장

만일 사업이 잘 되지 않을 경우에는 본인이 쓰던 사무실의 규모를 축소하고 한쪽을 파티션으로 나눠서 분할한 뒤 다른 사업자에게 임대를 해도 된다. 이렇게 하면 오히려 임대료가 들어오는 구조로 바뀌기 때문에 사업주의 부담은 줄어들면서 수익률은 커진다. 따라서 소규모라도 사업을 하고자 한다면 반드시 아파트형공장을 매입하는 편이 좋다. 자신의 사업을 안정적이면서 꾸준하게 키워가고 싶다면 당연한 선택이다.

만에 하나 사업을 접고 나와야 하는 상황에서도 그 사이에 상승한 지가로 인해 시세차익도 얻을 수 있기에 아파트형공장 투자는 절대 손해 볼 일이 없는 투자방식이다. 더욱더 많은 열정을 가진 사람들이 아파트형공장에 계속 입점하고 새로운 비즈니스를 만들어 경제를 이끌고 성장시켜가길 진심으로 바란다.

법인이 소유하던 아파트형공장을 노려라

아파트형공장은 개인보다는 주로 법인이 매입한다. 법인은 아파트형공장을 사옥으로 쓰기 때문에 장기적으로 입주해 있고 꾸준한 영업활동이 이루어진다. 그러나 갑자기 사옥을 통합하면서 이전해야 하는 등 갑작스럽게 생기는 상황에서 법인은 사옥으로 사용하던 아파트형공장을 급매로 내놓게 된다.

투자자에게 유리한 법인 소유 아파트형공장

아파트형공장에 투자한 개인의 경우에는 최대한 시세차익을 많이 받고 넘기려고 하겠지만 법인의 경우에는 약간 성격이 다르다. 차익에 대한 세금 정산과 각종 서류 때문에 차익을 많이 남기기보다는 빨리 넘기고 일정에 문제없이 직원들의 편의를 고려해 서둘러 이전을 하는 것이 더욱 중요하기 때문이다.

투자자 입장에서는 이러한 물건을 잡을 수만 있으면 처음부터 이기고 시작하는 게임을 하는 것과 같다. 깨끗하게 사용한 공간을 주변 시세 대비 저렴하게 구입할 수 있으며, 만약 200평(약 661㎡) 정도 되는 공간을 3개의 사무실이 각각 입주할 수 있도록 만들면 수익률은 기대 이상으로 높아진다.

아파트형공장의 생태계를 이해하고 나면 모든 것이 생각보다 쉽다. 상식적으로 이해가 되는 범위 내에서 자신 있게 투자할 수 있게 된다. 아파트형공장은 공실이 없고, 상권이 형성되어 있고, 유동인구가 많으며, 직장을 중심으로 모든 것이 시작하기 때문이다. 이러한 중심지를 당신이 보유하고 있다면 최대한 오랫동안 보유해 많은 수익을 만들길 바란다.

당신의
아파트형공장에
투자하라

아파트형공장 투자 시 4가지 체크포인트

임대료 수익과 시세차익을 동시에 얻을 수 있는 아파트형공장 투자를 아직도 망설이는가. 투자는 타이밍이다. 고민만 하다 놓치지 말고 당장 움직여야 한다. 아파트형공장에 투자할 때 반드시 확인해봐야 할 체크 포인트 4가지를 알아보자.

1—수익률을 체크하라

은행에 예금을 하지 않고 부동산에 투자하는 이유는 다름 아닌 수익률 때문이다. 저금리 시대에 조금이라도 더 나은 수익률을 얻을 수 있는 투자를 하는 것은 현명한 선택이다. 아파트형공장에 투자할 때는 최소 수익률 5% 이상이 나와야 투자할 가치가 있다. 만약 기대 수익률이 5%

이하라면 투자를 다시 생각해야 한다.

그동안 아파트형공장의 매매가는 꾸준하게 상승해왔다. 가까운 예로 구로디지털단지와 가산디지털단지의 매매가는 매년 오르고 있다. 그러나 임대료는 거의 10년 동안 크게 변하지 않았다. 임대료의 변동 폭이 적기 때문에 반드시 지가 상승에 의한 시세차익을 노려야 한다. 따라서 아파트형공장 투자 물건을 선택할 때는 최소한 대출이자보다 높은 5~15% 사이의 수익률을 가져다주는 물건에 투자하는 것이 적합하다.

물건이 지하이거나 특수 상권에 해당한다면 그만큼의 리스크가 존재하기 때문에 투자 수익률이 평균보다 1~2% 정도 더 높을 때만 투자를 고려해야 한다. 리스크가 크다면 그만큼 수익 프리미엄이 있어야 한다는 뜻이다. 지하라면 들어올 수 있는 업종에 한계가 있으며, 일반 기업들이 입주를 꺼리기 때문에 안정적으로 임대료를 받지 못할 가능성도 있다. 따라서 지하나 특수 상권에 해당하는 물건에 투자하는 경우 위험 프리미엄을 더해 더 높은 수익률이 나오는지 꼭 확인하도록 한다.

2—아파트형공장의 용도를 확인하라

아파트형공장 투자라는 것도 생소한데 아파트형공장의 용도가 다양하다고 하면 대부분의 사람들이 놀란다. 그러나 모든 산업에 메인시설이 있고 이를 지원하는 서브시설이 있듯이, 아파트형공장의 형태 역시 마찬가지다. 우리가 알고 있는 아파트형공장에도 공장 등의 생산시설뿐만 아니라 지원시설, 근린생활시설, 판매시설, 창고 등 여러 가지 용도의 투자 물건들이 함께 상주해 있다.

　일반 사무공간 및 시설에 투자하는 방법도 있지만 이러한 사무공간을 지원하는 지원시설과 편의시설에 대한 투자도 고려해보자. 예를 들어 편의점, 중개사무소, 카페 등이다. 이를 독점지정업종이라고 부른다. 아파트형공장 건물들은 서로 간의 상권을 어느 정도 보호하면서 편의시설을 갖춰야 하기 때문에 독점 형식으로 입점하게 된다. 이러한 독점지정업종 물건에 대한 투자는 아파트형공장 투자보다 오히려 더 높은 수익률을 안겨주기도 한다.

　하지만 최근에는 독점상가의 인기가 높아져 분양가가 상당히 올라갔다. 높은 분양가로 인해 수익률은 낮을 수 있으니 수익률 부분은 꼭 확인하고 투자하기 바란다. 아파트형공장에 투자하는 것도 좋고 아파트형공장을 지원하는 시설에 투자하는 것도 좋은 방법이다. 당신이 숲도 보고 나무도 보길 바란다.

3— 아파트형공장을 매입할 때는 반드시 매도를 고려하라

부동산 투자 물건을 구입할 때는 반드시 다시 팔 수 있는지, 팔려고 내놨을 때 경쟁력이 있는지 충분히 검토해야 한다. 아파트형공장을 매입

하려는 당신의 마음처럼, 다른 사람도 해당 물건을 사려고 관심 있게 볼 수 있는 매력 있는 물건일 때만 매입해야 한다. 부동산의 취약점이 환금성이라고 한다. 아파트형공장을 매입할 때는 환금성을 최우선으로 생각해야 한다.

다시 한 번 강조하지만 투자한 아파트형공장을 본인이 원하는 시점에 원하는 가격으로 시장에 매물로 내놓았을 때 최소 한 달 이내에 매각할 수 있다고 판단되는 지역과 건물에 투자하는 것이 좋다. 물론 이러한 지역은 매매가가 높을 가능성이 크다. 그만큼 꾸준하게 인기를 끌어왔고 앞으로도 인기가 있을 것이라는 기대가 가격에 그대로 반영되어 있기 때문이다.

그러니 다소 분양가가 높더라도 인기 있는 지역과 건물을 선택하자. 그래야 현금화가 빠르고 시세차익도 얻을 수 있다.

4— 희소 물건에 관심을 가져라

아파트형공장에 투자하기로 마음먹었다면 전용면적 $100m^2$ 이하의 중소형 면적을 매입하는 것이 유리하다. 예를 들어 아파트형공장 건물의 전용면적이 대부분 40평(약 $132m^2$)대로 구성되어 있다면 투자 물건을 고를 때 30평(약 $99m^2$)이나 35평(약 $115m^2$)을 선택하라는 뜻이다. 또한 분양면적이 대부분 25평(약 $82m^2$)이라면 투자할 때는 이보다 더 작은 평수인 20평(약 66m²)이나 15평(약 49m²)으로 나온 아파트형공장을 선택하는 것이 좋다.

아파트형공장에 입주하는 기업들은 대부분 중소기업이다. 따라서 직원 수에 딱 맞춰서 사무실 공간을 얻으려는 성향이 있다. 직원 수에 비해 공간이 넓으면 환경은 쾌적하겠지만 관리비 및 유지비가 고정비로 빠져나가기 때문에 사업주 입장에서는 다소 부담이 될 수밖에 없다. 이런 이유로 기업은 직원 수에 맞는 평형대를 고르려고 하며, 동시에 일반 평수보다 더 작은 평수가 없냐는 문의가 많다.

이러한 물건들을 먼저 매입해서 가지고 있으면 크게 2가지 이점이 생긴다. 첫 번째는 평당 임대료가 올라간다. 예를 들어 30평(약 99m²)대 임대료가 120만 원이라고 한다면 15평(약 49m²)대 임대료는 60만 원이 아닌 80만 원이라는 것이다. 평수대로 임대료가 책정되는 것이 아닌 작을수록 투자원금 대비 수익률이 높아진다. 또한 투자자 입장에서도 자금에 대한 부담이 줄어든다.

두 번째는 수요가 많아 임대와 매도가 쉽다. 일반적으로 공급되는 평형대보다 작기 때문에 매수자를 찾기 쉽고, 또한 수익률이 높기 때문에 환금성이 빠르다고 할 수 있다.

이렇듯 큰 평수보다 작은 평수를 선호하는 사람들이 많기 때문에 공급되는 평균 평형대보다 약간 작은 평형대를 선택해서 투자하는 것을 추천한다.

이미 준공된 아파트형공장이라면 수익률을 대략 예측할 수 있지만 신규 분양이라면 정확한 판단이 어렵다. 따라서 전용률 대비 임대료 시세, 주차대수, 관리비 등을 확인하고 각종 편의시설이 적절한지 입주하려는 업체 입장에서 분석해보는 자세로 물건을 살펴보는 것이 좋다.

투자지역은 어떻게 선정해야 할까?

부동산에서 위치는 하나의 상품이다. 위치가 곧 생명이다. 마치 몽골의 유목민들이 먹을 것을 찾아 계속 움직이듯이 현재를 살아가는 사람들 역시 자신의 기술과 위치의 장점을 최대한 활용할 수 있는 곳으로 계속 이동한다.

부동산 투자의 핵심도 위치다. 모든 것은 어디에 위치하느냐가 투자의 성공 여부를 결정한다. 그렇다면 어디에 투자해야 할까?

자신이 잘 알고 있는 지역을 선택하라

아파트형공장 투자를 결정할 때 위치는 상당히 중요한 요소다. 누구나 가장 많이 고민하는 부분이기도 하다. 그런데 초보 투자자들은 소위 전문가라고 하는 사람들의 말만 믿고 투자지역을 결정할 때가 있다. 어떤 지역인지 확신하지 못한 채 투자하는 것은 어리석은 일이다. 투자자가 잘 알고 스스로 확신을 가질 수 있는 지역을 선택하는 것이 맞다. 투자자가 관심 있게 지켜본 지역이라면 그동안 꾸준히 성장한 지역일 가능성이 크다.

투자자와의 접근성 또한 중요하다. 해당 매물과 접근성이 좋아야 언제든지 궁금한 부분이 생겼을 때 직접 방문해 확인할 수 있다. 투자자가 거주하는 지역 또는 근접한 지역에 있는 아파트형공장에 투자를 하는 것이 안전하다.

만약 나 홀로 개발되고 있는 아파트형공장을 분양받을 계획이라면 반드시 살펴봐야 할 요소가 있다. 바로 교통망이다. 허허벌판에 들어서고 있는 아파트형공장이라면 교통망이 가장 중요하다. 반드시 지하철 역세권 또는 도로 교통망이 잘 갖춰진 지역을 선택해야 한다.

초보 투자자에게 추천하는 투자지역

처음 투자하는 투자자를 위해서 지역을 추천하자면 구로, 가산, 문정, 그리고 성수를 꼽을 수 있다. 우선 아파트형공장이 대규모로 밀집되어 있고, 교통망과 기반이 이미 갖춰진 곳이며, 꾸준한 지가 상승과 확실한 임대수요를 보장해주기 때문이다. 이 지역들의 공통점은 역세권이라는 것이다. 초보 투자자라면 모험을 하기보다 안전한 투자를 하는 것이 좋다.

또한 역세권에 위치하고 있는 아파트형공장에 투자해야만 나중에 환금성이나 지가 상승률을 따져봤을 때 유리하다. 만약 역세권에 위치한 아파트형공장을 소유했다면 오랫동안 보유하는 것도 좋은 투자 방법이다.

첫 번째 조건이 역세권이었다면 두 번째 조건은 대단지다. 나 홀로 위치한 아파트형공장에 투자하기보다 대단지에 위치한 아파트형공장을 선택해야 한다. 여러 아파트형공장이 모여 있고 계속 들어오고 있는 지역에 투자하는 것이 유리하다.

서울 성수동 아파트형공장 지역을 예로 들 수 있다. 뚝섬역과 성수역, 그리고 서울숲 주변으로 아파트형공장이 우후죽순 들어서고 있는데, 강남의 높은 임대료를 피해 강남과의 접근성이 좋은 성수동에 아파트형공장이 계속 들어서고 있는 것이다. 그 덕에 신산업의 중심지로 떠오르며 자연스럽게 주변도 발전하고 있다. 이렇게 아파트형공장이 모여서 대단지 규모를 이루어가고 있는 지역에 투자할 것을 추천한다.

대출을 두려워하지 마라

부동산을 매입하는 대부분의 사람들은 대출을 활용한다. 대출을 활용하는 것은 금리가 낮은 시기에는 수익률을 극대화하는 최고의 방법이다. 그러나 최근에는 무리하게 대출을 받아 부동산을 매입하거나 자기자본 없이 투자해 낭패를 보는 경우가 많다. 금리가 낮을 때는 큰 수익을 보는 것 같지만 금리가 오르기 시작하면 문제가 생긴다.

얼마 전 뉴스에도 나온 이야기다. 시세차익을 목적으로 매매가와 전세가의 격차가 적은 집을 전세금을 끼고 매입하는 투자방식인 갭투자가 유행할 때 갭투자를 하면 무조건 오른다는 말에 주택을 60채 넘게 보유한 투자자가 있었다. 그런데 대출과 전세금 등 자금 흐름에 문제가 생기자 경매로 처분하게 되었다. 갭투자 성공의 꿈이 경매 처분이라는 상처로 남았다. 투자자뿐만 아니라 전세로 살고 있던 사람들까지 피해를 입었다.

이렇듯 부동산 투자에서 대출은 신중해야 하지만 위험하다고 대출을 받지 않을 수는 없다. 특히 아파트형공장에 투자할 때 대출은 필수다.

수익을 극대화하는 대출 활용하기

아파트형공장을 투자할 때도 대출은 신중해야 한다. 아파트형공장 대출을 받을 때는 반드시 1금융권을 이용해야 한다. 1금융권 은행의 경우 절대 돈을 그냥 빌려주지 않는다. 확실한 담보가치가 있다고 판단할 때만 대출을 해준다. 현재는 1금융권 은행에서 대부분 80%까지 아파트형공장 가치를 인정해 대출을 해주고 있다.

우선 아파트형공장에 투자할 경우 은행에서 시설자금대출을 받을 수 있다. 일반 주택담보대출과 달리 시설자금대출은 공장부지 매입 및 공장건물 신증축 자금, 그리고 기계 구입 및 설치자금 등의 목적으로 받을 수 있는 대출이다. 일반 가계대출은 한도가 정해져 있지만 시설자금대출은 한도가 정해져 있지 않다. 신용등급과 담보 등을 기준으로 대출을 결정하므로 대출의 규모가 상대적으로 커질 수 있다.

대출 한도와 금리는 신청기업의 신용도와 성격에 따라 다르긴 하지만 총 소요자금의 최대 90% 이내에서 상환능력 및 규모를 감안해 결정한다. 대출기간은 보통 3년 이내로 최장 10년까지 연장할 수 있다.

아파트형공장 물건을 취득했을 때 만약 대출을 1년짜리로 받게 된다면 매년 은행 담당자와 대출 연장 조건에 대해서 언쟁을 벌여야 하는 상황이 생길 수 있다. 매년 달라지는 금리와 기업의 상황을 살펴봐야 하는 은행의 입장에서는 대출 연장 승인에 대한 검토와 고민은 당연한 것이다. 이런 이유로 아파트형공장을 매입하는 과정에서 시설자금대출을 받을 예정이라면 가능하면 3년으로 대출기간을 설정하는 것이 좋다. 그 후에 해당 물건에서 임대료를 받거나 기타 소득이 발생하면 조금씩 대출을 상환하는 것이 유리하다.

아파트형공장 투자 초기에는 대출을 최대한 받는 것이 좋다. 대출을 활용해 수익률을 극대화하는 레버리지 전략이 필요하다. 그러나 대출 만기가 되는 3년 차 이후부터는 지금까지 모아놓은 자금으로 조금씩 대출을 상환해나가야 한다. 대출 비율을 줄여놓아야 나중에 대출받은 은행에서 연장이 안 되거나 터무니없는 금리 인상을 요청했을 때 다른 은행으로 쉽게 갈아탈 수 있다.

해당 물건의 대출 비율이 높으면 다른 은행으로 대환대출이 어렵기 때문에 불리한 조건으로 대출을 연장해야 하는 상황이 생길 수도 있다. 따라서 아파트형공장에서 발생한 수익의 일부는 반드시 대출 원금을 꾸준히 상환하는 것이 여러 측면에서 유리하다.

투자는 전문가와 함께하라

나는 부동산 전문가가 아니다. 적극적인 실천과 투자 의지로 아파트형 공장에 투자해 100억대 자산가가 된 것뿐이다. 대부분의 사람들은 전문가가 되어야만 부동산 투자로 큰돈을 벌 수 있다고 생각한다. 하지만 나는 전문가가 되기보다 전문가와 함께하라고 말하고 싶다.

전문가를 찾아 따라다니며 직접 보고 듣고 경험하는 것이 가장 좋겠지만 전문가에게 24시간 붙어 다닐 수도 없는 노릇이다. 내가 추천하는 방법은 바로 독서다. 계측기 사업을 17년간 해오면서 내게 가장 큰 힘이 된 것도 바로 독서다.

책을 볼 때 실천할 수 있고 당장 도움이 될 수 있는 내용을 발견하면 과감하게 책에 밑줄을 긋는다. 그리고 중요한 부분은 반드시 따로 메모를 한다. 메모를 하는 이유는 기억하기 위해서가 아니다. 바로 실천하기 위해서다. 사람들이 책을 읽었다는 사실에 만족하며 책을 덮는 순간

나는 하나라도 배우고 따라 할 수 있는 부분을 찾아내 바로 행동으로 실천하려고 한다. 책에서 해보라고 하면 따라 하고 만나보라고 하면 만나본다. 부동산 관련 책을 읽을 때도 마찬가지였다.

책 속의 전문가들을 만나다

아파트형공장 투자를 경험하면서 그동안 부동산 관련 책을 쓴 '부동산의 대가'라는 저자들을 직접 만나보기 시작했다. 부동산 관련 책을 쓴 저자를 만나는 방법은 매우 간단하다. 저자의 이름을 인터넷에 검색하고 그가 운영하는 카페나 사이트에 들어가서 만남을 요청하는 것이다. 어떤 저자들은 상담료나 컨설팅 비용을 요구하기도 한다. 당연한 것이라고 생각하기에 그 돈을 지불하고 지금껏 그들을 만나왔다. 책에 나오는 저자의 이야기가 실제 이야기인지 아니면 남의 이야기인지 눈으로 직접 확인했다.

내가 만나본 저자 중에는 인터넷에서 수많은 회원을 확보하고 상당한 규모의 커뮤니티를 운영하며 부동산 시장에서 거의 신처럼 여겨지는 사람들도 있었다. 그런데 실제로 만났을 때 실망스러운 저자들도 많았다. 자신의 이야기가 아닌 온통 자신 주변 친척들과 회원들의 이야기만 떠벌린 저자도 있었다. 이런 저자에게 질문을 하면 그들은 상당히 당혹스러워한다. 나는 그들을 만나 통장을 보여달라, 계약서를 보여달라, 눈으로 확인시켜달라고 요구하기 때문이다. 이렇게 직접 눈으로 확인하고 이력이 확실하다고 판단하면 그 저자를 믿고 투자를 시작한다.

그러나 책을 읽은 독자들이 스스로 저자를 검증하지 않고 투자하면 문제가 생길 수 있다. 눈으로 직접 확인할 생각도 없이 맹목적으로 믿고 따르면서 투자하기 때문이다. 일부 저자가 운영하는 부동산 카페나 모임에서 수백만 원에서 수천만 원을 손해 봤다는 이야기가 나오는 등 잡음이 새어나오는 이유다.

몇 년 전 부동산 투자 카페에서 만난 사람들과 투자 물건을 보러 간 적이 있다. 카페 운영자는 이번 매물이 무조건 오르고 돈이 되는 물건이라고 한참 설명했지만 아무도 계약을 하지 않았다. 심지어 매물이 좋다고 설명한 운영자 자신도 매수하지 않았다.

나는 예전부터 해당 매물을 눈여겨보고 있었다. 투자를 마음먹은 상태에서 일부러 강의료를 내고 강의를 듣고 임장에도 참여한 것이다. "어, 아무도 안 사네요? 그럼 제가 살게요." 아무도 계약서를 작성하지 않자 나는 계약서 한 장 달라고 해서 바로 매수했다. 이미 알고 있는 정보였지만 돈을 내고 더 확실한 정보를 얻으려고 했고, 판단이 끝나자마자 행동한 것이다. 내가 매수하자마자 두 사람이 따라서 매수를 했다.

이렇게 책으로 공부하고, 부동산 대가라 불리는 사람을 직접 만나서 눈으로 확인했고, 판단이 끝나면 바로 실천을 했다. 그래서인지 남들은 내게 반 박자 빠른 판단을 한다고 한다.

사실 나는 상당히 단순한 편이다. 공부를 하고 경험담을 듣고 더 이상 고민할 사항이 없으면 바로 실천하는 것뿐이다. 이렇게 실천하는 과정에서 물론 실수도 있고 놓치는 부분도 있지만 큰 문제는 되지 않는다. 또한 실수에서 배운 지식과 경험은 절대 잊어버리지 않기 때문에 부동산 투자를 하다 보면 언젠가는 반드시 도움이 된다.

맥도날드에서 배우는 투자의 지혜

2016년 개봉한 영화 〈파운더〉는 세계적인 패스트푸드 체인점인 맥도날드를 창업하는 과정에서부터 레이 크록이라는 주인공이 사업을 확장해가는 실화를 흥미진진하게 다루고 있다. 1954년의 미국, 주인공 레이 크록은 52세의 한물간 세일즈맨이었다. 전국에 밀크셰이크 믹서를 팔면서 돌아다니는 신세였다. 그러던 중 캘리포니아에 있는 '맥도날드'라는 식당을 발견하게 된다. 주문한 지 30초 만에 햄버거가 나오는 혁신적인 시스템과 식당으로 몰려드는 엄청난 인파를 보자마자 레이는 맥도날드 형제와 프랜차이즈 사업으로 성공할 수 있을 것이라고 확신한다.

그러나 시간이 흐르면서 공격적인 사업가인 레이와 원칙만을 고수하는 맥도날드 형제는 사사건건 갈등을 빚게 되고 여기서 답답함을 느낀 레이는 맥도날드 형제의 의견을 무시하고 사업을 확장해나가다 결국 어려움에 처한다. 재정문제로 자신의 집까지 빼앗길 상황에서 은행을 찾아다니며 돈을 빌리던 레이는 마침내 헤리라는 재무컨설턴트를 만난다.

"맥도날드는 이제 부동산 임대업자가 되는 겁니다." 레이는 맥도날드를 요식업, 그리고 대형 프랜차이즈로만 생각했는데 부동산 임대사업자로 생각을 넓힌다. 맥도날드 라이선스를 팔기 전에 미리 상가 건물을 임대한 뒤 라이선스 계약자에게 재임대하는 방식으로 부동산 임대사업을 시작한 것이다. 이후 점포가 들어설 부지를 미리 구입해 계약자에게 임대하는 방법도 사용했다. 맥도날드가 들어서는 것만으로 땅값이 올랐기 때문에 결국 맥도날드는 부동산 사업으로 큰 이익을 얻을 수 있었다.

레이는 재무컨설턴트 헤리와 함께 수입과 지출, 그리고 비용에 대한 부분을 고민하고 점검했다. 최종적으로 가장 중요한 땅(부지)을 선점하기로 사업계획을 약간 수정한 것이다. 변하지 않는 부동산이라는 땅 위에 세워진 건물을 임대한다. 맥도날드 사업이 확장될수록 임대료도 받고 식재료 비용도 받고 맥도날드 로열티까지 받는다. 비즈니스의 수익구조가 안정적으로 만들어지면서 성공이라는 키워드를 결국 자신의 손에 쥘 수 있게 된 것이다.

레이의 이야기는 영화에서만 일어나는 일이 아니다. 맥도날드와 스타벅스 등 대형 프랜차이즈들은 야금야금 핵심 위치의 부동산을 선점하고 있다. 기업의 수익과 브랜드 명성으로 땅값을 올리며 누구에게도 휘둘리지 않는 강력한 힘을 부동산을 통해서 만들어가고 있는 것이다. 아직도 부동산 투자를 시작하지 않았거나 머뭇거리고 있는가? 결국은 가장 중요한 자산인 부동산을 구입하는 것부터 시작해야 한다는 것을 기억하길 바란다.

현장에서 눈여겨봐야 할 것들

아파트형공장 투자를 마음먹었는가? 그렇다면 당장 현장으로 달려가라. 한 번도 답사를 가지 않고 주변 이야기만 듣고 결심했다면 반드시 현장으로 달려가야 한다. 아파트형공장에 투자하기 전 현장을 방문해 이것만은 꼭 확인하자.

1— 입주 현황을 확인하자

아파트형공장을 선택할 때는 반드시 입주자 현황판을 보자. 일반적으로 어떤 건물이든 1층 로비에 입주자 현황판이 공개되어 있다. 비어 있는 호실이 있는지, 혹은 어떤 기업들이 들어와 있는지 주목해볼 필요가 있다.

입구에 들어서자마자 유명한 기업들이 여러 층을 사용하고 있고 공실이 없는 건물이라면 향후 지가가 상승할 가능성이 높고 임대를 진행할 경우에도 상당히 유리하다. 마치 건물 1층에 스타벅스가 입점해 있으면 그 건물의 가치가 수억 원 올라가는 것처럼 우수한 기업들이 입주해 있는 아파트형공장 건물은 투자가치가 높을 뿐 아니라 입주자들에게도 상당히 매력이 있다고 볼 수 있다.

2— 건물의 방향을 확인하라

아파트형공장을 선택할 때는 건물이 어느 쪽을 바라보고 있는지, 건물의 방향이 중요하다. 또한 건물의 코너 자리를 선택하는 것이 여러 측면에서 유리하다.

우선 건물이 남향이라면 아파트와 마찬가지로 채광이 좋기 때문에 환하고 밝은 업무환경을 만들 수 있다. 특히 건물의 코너 자리는 베란다(서비스 면적)를 2개 사용할 수 있는 고유의 특권이 주어진다. 이러한 약간의 프리미엄 때문에 코너 자리는 매입할 때 비용이 다른 매물에 비해서 높은 편이다. 그러나 반대로 매각할 때도 환금성이 높고 분양 때의 금전적인 차액은 충분히 회수할 수 있기 때문에 방향 좋은 코너 자리를 선택하기를 추천한다.

3— 재활용을 생각하라

아파트형공장을 선택할 때는 기존 세입자가 쓰던 인테리어를 그대로 재활용할 수 있는지 판단하는 것도 중요하다. 불필요한 인테리어만 즐비한 경우에는 철거 비용이 만만치 않게 들어간다.

재활용이 가능한 인테리어가 되어 있는 아파트형공장을 선택한다면 초기 투자비용을 상당히 아낄 수 있다는 장점도 있다. 시세보다 평당 10만~20만 원을 더 주고 매입하더라고 인테리어가 잘 되어 있는 호실이 있다면 과감하게 선택하자.

세금 관리가 수익률을 좌우한다

보통 직장인들의 급여통장을 '유리지갑'이라고 부른다. 안에 들어 있는 내용이 유리처럼 투명하게 보이기 때문에 세금을 거두기도 쉽다는 뜻이다. 아파트형공장에 투자할 때도 세금은 아주 투명하게 공개되는 부분이기 때문에 세금을 팍팍 줄이기는 쉽지 않다. 수익이 있는 곳에는 언제나 세금이 있기 때문이다. 불법적인 탈세가 아닌 합법적인 절세를 위해서는 약간의 전략이 필요하다.

개인종합소득세율 조정이 중요하다

매월 고정적으로 발생하는 월 임대료를 절세하기보다는 앞에서 언급했듯이 부부간의 소득금액 배분을 통해서 개인종합소득세율을 조율하는 것이 좋겠다.

남편이 직장인으로 4대보험을 납부하고 있는 상황에서 소득이 없는 아내가 임대사업자로 등록할 경우에 아내는 따로 건강보험료 및 국민연금을 납부해야 한다. 따라서 매월 받은 임대료의 실수익이 줄어들게 된다. 임대사업자로 등록하면서 세금이 추가로 발생하기 때문에 아파트형공장의 투자 수익률은 반대로 줄어들게 되는 것이다.

이런 이유로 남편의 월 소득에 따라 다르지만, 고소득자가 아닌 경우에는 건강보험료와 국민연금 증감 폭을 계산해 남편 명의로 매입하는 것이 유리할 수 있다. 만약 남편의 명의로 매입하면 남편은 연말정산과 5월 종합소득세를 신고해야 하는데, 두 사람의 세금을 계산해서 누구 명의로 하는 것이 유리한지 판단해야 한다.

아파트형공장의 매도 전략

아파트형공장은 구입 후 매도할 때도 전략이 필요하다. 일반적으로 부동산을 취득할 때는 취득세, 그리고 매각할 때는 양도세가 발생한다. 만약 보유하던 아파트형공장을 매도하고 새로운 매물을 선택하는 경우 2가지 포인트를 체크해보길 바란다.

첫 번째는 임대 수익률이 최소한 비슷하거나 높은 아파트형공장으로 갈아타야 한다. 매수하려는 아파트형공장의 현재 임대료와 동일하거나 낮은 상황이라면 보유 기간 동안의 기회비용과 세금을 고려했을 때 오히려 손해다. 따라서 부동산 갈아타기를 하기 위해서는 반드시 가격 상승 여력이 있는, 임대료가 지금보다 높은 수준에 맞춰져 있는 아파트형 공장을 선택하는 것이 좋겠다.

두 번째는 3년 이상 보유한다는 전제하에 매매 차액이 부동산을 갈아타는 시점에서 발생한 취득세와 양도세의 합을 초과할 만한 수준이어야 한다.

좋은 부동산 물건을 찾기 위해서는 비용을 지불해야 한다. 당연한 것인데도 수수료는 왠지 아깝게 느껴진다. 그러나 세상에 공짜는 없다는 사실을 기억하자. 전문가의 도움이 필요하고 그 도움으로 더 좋은 선택을 할 수 있다면 과감히 비용을 지불할 필요가 있다.

부동산 물건을 보러 가면 부동산 컨설턴트들은 물건에 대한 프레젠테이션을 한다. 브리핑을 제대로 받기 위해서는 10만~20만 원 정도의 비용을 지불해야 한다. 나는 기꺼이 비용을 지불하고 나서 약 30분의 브리핑을 듣는다. 브리핑을 듣는 순간 다양한 생각들이 머릿속에 떠오르고 물건에 대한, 그리고 투자 전망에 대한 감이 온다.

브리핑이 끝나고 나서 해당 물건을 투자하지 않는 경우도 있고, 과감히 그 자리에서 투자를 결정하는 경우도 있다. 투자하지 않은 물건은 나중에 돌이켜보면 투자하지 않길 잘했다는 생각이 든다.

세금도 중요하고 수수료도 중요하다. 그러나 이러한 비용을 아끼려다 제대로 된 판단을 하지 못하고 더욱 큰돈을 잃을 수도 있다. 앞에서도 이야기했지만 전문가와 함께하라. 나는 지금도 상담료와 컨설팅료를 지불하며 제대로 된 서비스와 상담을 받고 있다.

아파트형공장의 매입 및 운영 노하우

아파트형공장을 매수하려는 투자자와 아파트형공장에 입주해 실제 기업을 운영하려는 사업주는 어디를 찾아갈까? 바로 아파트형공장 건물 1층에 위치한 부동산 중개사무소다. 중개사무소에 들러 해당 건물의 물건을 확인하고 장단점을 파악하기 쉽기 때문이다. 따라서 아파트형 공장을 매수하려는 투자자나 매도하려는 매도자는 1층에 있는 부동산 중개사무소와 친해질 필요가 있다.

중개사무소에 자주 가라

얼마 전 우연히 TV에서 〈힐링캠프〉 '양현석' 편을 봤다. 양현석 씨가 어떻게 부동산 투자를 하게 되었는지에 대한 이야기를 들을 수 있었다.

양현석 씨는 7년 동안 매일 같이 부동산 중개사무소에 들러 김치찌개를 먹으며 정보를 얻고 배웠다고 한다. 우리나라 엔터테인먼트 분야에서 최고로 손꼽히는 사람임에도 불구하고 사업의 다각화와 안정성을 위해 부동산에까지 손을 뻗은 것이다.

나처럼 사업을 하는 사람이나 월급을 받는 일반 직장인들도 생각은 비슷할 것이다. 안정적인 노후를 보내기 위해 현재 자산을 불리고 싶은 욕구는 다들 가지고 있기 때문이다. 그래서 나는 카페보다 부동산 중개사무소에 자주 가라고 조언한다.

살고 있는 지역의 중개사무소든 투자하려고 눈여겨보는 물건이 있는 지역의 중개사무소든 틈만 나면 방문해 그곳의 전문가와 차도 마시고 식사도 하길 바란다. 당신이 직접 공인중개사 시험을 보며 자격증까지 취득할 필요가 없다. 시험에 들이는 시간과 비용을 아껴 자신이 하고 있는 일에 더 집중하기 바란다. 그 시간을 아껴 더 많은 물건을 직접 눈으로 확인하고 경험하면서 배우길 바란다. 그리고 도움이 필요하면 전문가를 활용하면 된다.

시설과 임대료 관리법

아파트형공장을 보유했을 경우에 반드시 내부 시설을 청결한 상태로 잘 유지해야 한다. 임차인에 따라서 깔끔하게 사용하는 회사도 있는 반면에 지저분하게 쓰고 실내에서 담배까지 피우며 엉망진창으로 만들어 놓고 나가는 회사들도 있다. 반드시 입주 전에 임차인에게 흡연과 취사 등에 대한 부분에서 주의해달라고 정확하게 고지해야 한다.

만일 사무실을 지저분하게 쓰고 나가거나 파손한 경우에는 반드시 임차인에게 책임을 물어야 한다. 원래 임차인은 원상복구의 의무가 있지만 사실관계를 명확하게 하기 위해서 계약 때 미리 이야기하는 편이 좋다.

아파트형공장 투자 후 임차인을 받고 나서 반드시 확인해야 하는 부분은 첫 달 임대료다. 첫 달 임대료부터 제때 납부하지 않고 애먹이는 임차인이라면 지속적으로 임대인을 괴롭힐 가능성이 높다. 그렇기 때문에 첫 달부터 임대료를 잘 납부하는지 확인하는 것이 중요하다. 또한 임대인이라면 매달 들어오는 임대료를 항상 체크하고 있다는 인상을 임차인에게 심어주어야 한다. 그래야 임대료를 체납하거나 고의로 지연하는 부분을 어느 정도 사전에 방어할 수 있다.

만약 2회 이상 임대료가 연체되는 경우 통상 계약기간을 다 채우지 못하고 업체가 빠져나가는 일이 많다. 입주자와의 분쟁으로 명도소송까지 가는 최악의 상황을 피하기 위해서는 사전에 확인하고 중도에 중개사무소에 재의뢰를 해야 한다. 중개사무소에서는 임대인과 임차인 사이에서의 문제를 적절하게 조절해주고, 상호의 피해를 최소화할 수 있도록 조정 작업을 진행해준다.

세상에 공짜 점심은 없다. 나는 공짜라면 질색이다. 공짜를 바라는 사람들을 만나보면 하나같이 나눌 줄 모르고 인색하며 자신감이 없는 사람들이다. 나는 돈을 내고 배우는 대신에 지불한 돈 이상의 가치를 얻어내려고 노력한다. 그래서 전문가와 함께 일하는 것을 좋아한다.

당당하게 전문가에게 도움과 조언을 요청하라. 그러고 나서 전문가의 도움에 대한 정당한 비용을 지불하면 된다.

부동산 투자를 하면서 뒤늦게 깨달은 사실이 하나 있다. 부동산 시장은 '끼리끼리' 시장이라는 것이다. 고급스러운 용어를 쓰자면 '이너써클, 클럽딜, 즉 그들만의 리그'라고 할 수 있다. 나는 이것을 깨닫는 데 상당한 시간이 걸렸다.

모든 것이 신뢰를 기반으로 한 인맥과 네트워크, 즉 관계 형성으로 이루어진다. 바로 이러한 부분이 부동산 매물 중 진짜 좋은 물건을 당신이 아직까지 가지고 있지 않은 이유이자 그 물건을 다른 사람이 가지고 있는 이유다.

아파트형공장 투자, 이곳을 주목하라

지금까지 아파트형공장은 무엇인지, 왜 아파트형공장에 투자해야 하는지, 투자할 때 주의할 점은 무엇인지 등에 대해 알아봤다. '그래서 어디에 투자하라는 거야?'라고 생각하는 당신을 위해 향후 투자 유망지역을 소개한다.

1— 서울디지털산업단지(구로/가산)

대한민국 최대의 아파트형공장 밀집지역이라 할 수 있는 서울디지털산업단지(구로/가산)는 향후에도 유망한 투자지역이다. 우선 서울에 위치한 단지 중 가장 큰 규모를 자랑하며, 전국을 통틀어 가장 밀집도가 높은 지역이기도 하다. 구로동의 경우 꾸준하게 개발이 진행되어 현재는 개발부지가 바닥이 난 상태지만, 가산동의 경우에는 아직까지 개발의 여지가 남아 있어서 향후에도 건물들은 계속 들어설 예정이다.

서울디지털산업단지는 국가산업단지에 속한다. 그래서 산업단지공단에서 관리하는 건물만 있는 것이 아니라 산업단지공단에서 관리하지 않고 구로구청에서 관리하는 아파트형공장도 있기 때문에 일반 투자자들이 조금 더 쉽게 투자를 시작할 수 있는 물건들이 아직 존재한다. 더구나 최근 들어서고 있는 건물들은 건설사들 간의 경쟁이 치열해지면서 건물의 고급화로 차별화를 하고 있다. 그러다 보니 분양가는 계속해서 높아지는 실정이다.

한 부동산업체의 '2018년 1분기 상업용 부동산 리포트'에 따르면 가산과 구로 등 서울 주요 권역의 아파트형공장 평균매매가는 3.3m²당 790만 원으로 1년 전(724만 원)보다 9.1%가량 올랐다. 아파트형공장에 일반인 투자가 허용됨에 따라서 가장 먼저 관심을 받은 지역이 바로 서울디지털산업단지(구로/가산)임을 알 수 있다.

2―문정법조단지

서울 송파구 문정의 법조단지는 동시다발적으로 건물이 올라가기 시작해서 이제 막 2년 차에 접어들었다. 그렇기 때문에 아직 시세 형성이 끝나지 않았고 향후 프리미엄급 지역으로 발돋움할 가능성이 아직도 충분하다고 본다.

문정법조단지는 지하철 8호선 문정역과 지하로 바로 연결되어 있는 상권이 있기 때문에 직장인들의 출퇴근이 용이하다. 또한 송파대로와 서울외곽순환도로, 동부간선도로와의 접근성이 뛰어나서 강남 및 판교 방향으로 진·출입하기가 좋다. 또한 잠실대교를 통해서 성수동으로 넘어가기도 편한 위치라 할 수 있다.

문정동은 법조단지 내 동부지방법원 이전을 완료하고 현재 남아 있는 4-3블록과 10블록에도 공공행정지원시설이 들어올 예정이기 때문에 기타 행정업무도 편하게 볼 수 있다.

문정 쪽 대형호재는 계속 이어지고 있다. 동부지방법원과 동부지방경찰청 이주를 시작으로 미래형 업무단지, 문정컬처밸리가 조성된다. 문정역에서 탄천까지 이어지는 문화, 전시, 휴게 시설을 완비한 '문정 비즈밸리'를 형성하고 있는 것이다.

향후 문정역 일대 상주인구는 약 3만 5천 명에 이를 것으로 예상된다. 문정법조단지 지역의 아파트형공장의 경우 임대료 및 기본 관리비가 아직까지는 타 지역에 비해 저렴하다는 장점이 있다. 주변 오피스텔에 공실은 있는 상태지만 아파트형공장 중심으로의 매수세는 계속 이어질 전망이다.

3— 성수동 지역

인쇄소와 피혁, 가죽제품과 제화로 유명한 지역이 바로 성수다. 요즘은 IT 산업개발 및 진흥지구로 지정되어 호재를 맞고 있다. 현재 성수동 지역은 아파트형공장의 메카로 자리 잡을 만큼 급부상하고 있다.

성수동은 대지의 규모가 다른 곳에 비해서 비교적 작은 편이다. 따라서 큰 건물을 올리기 어렵다는 특징은 있다. 그러나 지어진 지 오래된 건물이 많고 10년 이내에 대규모로 재개발이 이루어질 수 있다는 기대감도 살아 있는 지역이다.

교통 또한 편리하다. 분당선 서울숲역, 2호선 뚝섬역과 성수역을 도보로 이용할 수 있다. 자동차를 이용할 때도 강변북로와 동부간선도로의 진입이 용이하고, 성수대교, 영동대교를 통해 올림픽대로와 강남으로의 접근성이 뛰어난 교통망을 가지고 있다. 최근 IT기업과 스타트업기업, 사회적기업들이 성수동으로 몰리는 이유는 강남에 비해 임대료가 저렴하다는 혜택을 보면서도 20분 거리의 강남 인프라를 가까이에서 누릴 수 있기 때문이다.

성수에 위치하고 있는 레미콘 공장인 삼표공장이 2020년까지 이전 철거될 예정이고 이곳에 공원이 조성된다고 한다. 도심 내 레미콘 차량이 이동하면서 내는 소음과 먼지 등에 불편을 호소한 주민들의 요구가 거의 40년 만에 해결될 것이다.

성수는 이제 제2의 압구정이라 불릴 수 있는 고급 주거지로 주변 환경을 업그레이드할 수 있는 정책들을 적극적으로 펼쳐나가고 있는 지역이다. 또한 삼표공장 이전과 동시에 새로운 복합 문화공간 및 주거공간을 만들어갈 계획이다. 이런 이유로 성수에 위치한 아파트형공장의 매매가나 향후 전망은 매우 밝다고 생각한다.

4— 성남일반산업단지

성남일반산업단지는 조성된 지 43년 만에 재정비 사업을 통해 2025년 첨단산업단지로 새롭게 탄생할 예정이다. 기존의 노후화된 기반시설 개선과 민간 투자 활성화를 위해 151만㎡ 면적을 재생산업단지로 지정해 관련 사업을 시작했다. 총 222억 원의 사업비를 투입해 기반시설을 확충한다고 한다.

현재 아파트형공장 34개소가 들어선 성남일반산업단지는 2018년 기준 3,850개사에서 4만 2,998명의 근로자가 일하고 있다. 재생사업이 진행되면 입주기업은 6천여 개로, 근로자 수는 8만 2천여 명으로 각각 늘어날 전망이다.

이러한 재생사업 시행으로 판교 제1,2테크노밸리와 함께 지역경제를 활성화하고 도시 경쟁력을 강화하려는 노력을 기울이고 있는 지역이 성남이다. 그동안 성남의 아파트형공장은 수도권 내 다른 지역에 비해 개발속도가 느린 편이었다. 그러나 재생사업과 함께 개발속도를 올리고 있는 성남지역을 눈여겨볼 필요가 있다. 저렴한 분양가와 관리비를 무기로 삼고 매수한다면 향후 개발호재에 따른 충분한 시세차익을 얻을 수 있는 지역이라 생각된다.

아파트형공장이 초기에 들어와서 자리를 잡지 못한 지역이라면 재생 및 개발을 하는 정책적인 지원을 감안하는 것이 좋다. 아직 지원 계획이 확실하지 않아 저평가되어 있는 지역을 조금이라도 저렴하게 매수한다면 좋은 결과가 나오리라 예상한다.

아파트형공장 투자로 경제적 자유를 누려라

나는 많은 사람들이 경제적 자유를 누리길 바란다. 매월 단 한 번의 월급을 받으면서 월급에 맞춰 사는 삶이 아닌 진짜 자유로운 삶을 살아가도록 돕고 싶다. 돈이 많은 부자가 되기보다는 시간이 여유로운 부자가 되길 바란다. 그러기 위해서는 부자의 사고방식으로 생각해야 한다.

2018년도 최저임금이 인상되었다. 최저임금 인상은 아르바이트생들을 고용하던 자영업자에게는 수익 하락의 직격탄이었다. 매출도 떨어져 사업을 접어야 하나 고민하던 자영업자들은 결국 아르바이트생을 줄이게 된다. 그렇다고 해서 수익이 올라가는 것도 아니고 수익을 늘리자니 물건 값을 올리는 것도 쉬운 일이 아니다. 이렇게 자영업을 하는 사람도 경제적 자유에서 벗어나지 못하고 전전긍긍하며 하루하루를 살아가고 있다.

나는 자영업자, 직장인, 공무원, 사업가 등 모두가 예외 없이 하루빨리 아파트형공장에 투자해야 한다고 생각한다. 안정적이고 수익률이 높은 아파트형공장에 투자하는 것이 하루빨리 경제적 자유로 가는 지름길이기 때문이다. 나도 보증금 500만 원에 월세 20만 원짜리 단칸방에서 신혼생활을 시작했다. 젖먹이 아이의 분유를 살 돈도 없을 정도로 경제적으로 힘든 시간이었다. 현재의 나의 모습으로 만들어준 유일한 도구는 바로 아파트형공장 투자였다.

내가 경제적 자유를 강조하는 이유는 시간에서 자유로워지기 때문이다. 시간 부자가 제일 큰 부자라고 생각한다. 시간에 여유가 생기면 언제든지 아내와 아이들과 시간을 보낼 수 있고 집안에 일이 생겨도 함께 일을 처리해나갈 수 있다. 또한 보다 훌륭한 사람들을 만날 수 있는 기회가 많아지고 더 많은 활동을 통해서 점점 발전해가는 자신을 발견할 수 있다. 결국 부동산 투자를 통해서 경제적 자유와 시간적 자유 모두를 얻게 되는 것이다.

당신이 평범한 직장인이라면 지금 당장 부동산 투자를 시작하라. 은퇴를 앞둔 퇴직예정자라면 부동산 투자만이 당신의 노후를 지켜줄 것이다. 자영업을 하고 있는 사업자라면 반드시 부동산 포트폴리오를 구성해놓아야 한다. 그래야 사업도 안정적으로 운영할 수 있다.

은퇴 준비가 되어 있지 않은 삶은 설계도가 없는 100층짜리 건물과 같다. 지금 당장 부동산 투자를 시작하길 바란다. 그리고 그 투자가 아파트형공장 투자이길 간절히 바란다.

부록

아파트형공장
투자 준비하기

부록 1 | 공장설립 및 토지이용 관련 법령 체계도

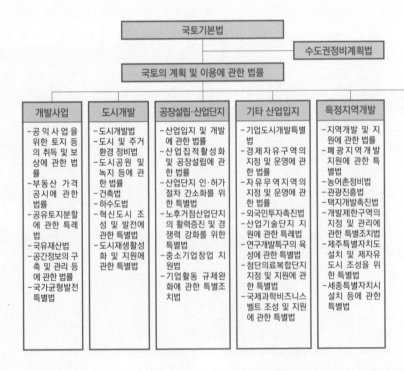

국토기본법

수도권정비계획법

국토의 계획 및 이용에 관한 법률

개발사업	도시개발	공장설립·산업단지	기타 산업입지	특정지역개발
- 공익사업을 위한 토지 등의 취득 및 보상에 관한 법률 - 부동산 가격공시에 관한 법률 - 공유토지분할에 관한 특례법 - 국유재산법 - 공간정보의 구축 및 관리 등에 관한 법률 - 국가균형발전특별법	- 도시개발법 - 도시 및 주거환경 정비법 - 도시공원 및 녹지 등에 관한 법률 - 건축법 - 하수도법 - 혁신도시 조성 및 발전에 관한 특별법 - 도시재생활성화 및 지원에 관한 특별법	- 산업입지 및 개발에 관한 법률 - 산업집적활성화 및 공장설립에 관한 법률 - 산업단지 인·허가 절차 간소화를 위한 특별법 - 노후거점산업단지의 활력증진 및 경쟁력 강화를 위한 특별법 - 중소기업창업 지원법 - 기업활동 규제완화에 관한 특별조치법	- 기업도시개발특별법 - 경제자유구역의 지정 및 운영에 관한 법률 - 자유무역지역의 지정 및 운영에 관한 법률 - 외국인투자촉진법 - 산업기술단지 지원에 관한 특례법 - 연구개발특구의 육성에 관한 특별법 - 첨단의료복합단지 지정 및 지원에 관한 특별법 - 국제과학비즈니스벨트 조성 및 지원에 관한 특별법	- 지역개발 및 지원에 관한 법률 - 폐광지역 개발 지원에 관한 특별법 - 농어촌정비법 - 관광진흥법 - 택지개발촉진법 - 개발제한구역의 지정 및 관리에 관한 특별조치법 - 제주특별자치도 설치 및 제자유도시 조성을 위한 특별법 - 세종특별자치시 설치 등에 관한 특별법

조세공개념	공공시설촉진	특정시설보호	이용목적보호	환경보전
- 지방세법 - 법인세법 - 소득세법 - 개발이익환수에 관한 법률 - 농어촌특별세법 - 조세특례제한법 - 지방세특례제한법	- 수도법/하천법 - 도로법/사도법 - 도시철도법 - 공항시설법 - 항만법 - 학교보건법 - 전기통신사업법 - 전기사업법 - 철도건설법 - 신항만건설촉진법 - 사회기반시설에 대한 민간투자법	- 지하수법 - 온천법 - 군용전기통신법 - 군사기지 및 군사시설 보호법 - 방어해면법 - 원자력 진흥법 - 문화재보호법 - 전통사찰의 보존 및 지원에 관한 법률 - 전파법 - 전원개발촉진법 - 댐건설 및 주변 지역 지원 등에 관한 법률	- 농지법 - 산지관리법 - 산림보호법 - 축산법 - 초지법 - 장사 등에 관한 법률 - 사방사업법 - 광업법 - 낙농진흥법 - 공유수면 관리 및 매립에 관한 법률	- 환경정책기본법 - 자연환경보전법 - 자연공원법 - 물환경보전법 - 대기환경보전법 - 소음·진동관리법 - 폐기물관리법 - 폐기물처리시설 설치촉진 및 주변지역 지원 등에 관한 법률 - 토양환경보전법 - 야생생물 보호 및 관리에 관한 법률 - 환경영향평가법

지방자치단체의 조례 및 지침

부록 2 | 아파트형공장 관련 주요 용어

- 국토종합계획: 국토 전역을 대상으로 해서 국토의 장기적인 발전 방향을 제시하는 종합계획
- 도종합계획: 도 또는 특별자치도의 관할구역을 대상으로 해서 해당 지역의 장기적인 발전 방향을 제시하는 종합계획
- 시·군종합계획: 특별시, 광역시, 시 또는 군(광역시의 군은 제외)의 관할구역을 대상으로 해서 해당 지역의 기본적인 공간구조와 장기발전 방향을 제시하고, 토지용, 교통, 환경, 안전, 산업, 정보통신, 보건, 후생, 문화 등에 관해 수립하는 계획으로서 「국토의 계획 및 이용에 관한 법률」에 따라 수립되는 도시 및 군 계획
- 지역계획: 특정 지역을 대상으로 특별한 정책목적을 달성하기 위해 수립하는 계획
- 부분별계획: 국토 전역을 대상으로 특정 부문에 대한 장기적인 발전 방향을 제시하는 계획
- 수도권정비계획: 「국토기본법」에 따른 국토종합계획을 기본으로 수립되는 계획
- 광역도시계획: 「국토의 계획 및 이용에 관한 법률」 제10조에 따라 지

정된 광역계획권의 장기 발전 방향을 제시하는 계획

- 도시기본계획: 특별시, 광역시, 특별자치시, 특별자치도, 시 또는 군
의 관할 구격에 대하여 기본적인 공간구조와 장기 발전 방향을 제시
하는 종합계획으로서 도시, 군관리계획 수립의 지침이 되는 계획

- 도시, 군관리계획: 특별시, 광역시, 특별자치시, 특별자치도, 시 또는
군의 개발, 정비 및 보전을 위하여 수립하는 토지 이용, 교통, 환경, 경
관, 안전, 산업, 정보통신, 보건, 복지, 안보, 문화 등에 관한 계획

- 용도지역: 토지의 이용 및 건축물의 용도, 건폐율, 용적률, 높이 등을
제한함으로써 토지를 경제적, 효율적으로 이용하고 공공복리의 증진
을 도모하기 위하여 서로 중복되지 아니하게 도시, 군관리계획으로
결정하는 지역

- 용도지구: 토지의 이용 및 건축물의 용도, 건폐율, 용적률, 높이 등
에 대한 용도지역의 제한을 강화하거나 완화하여 적용함으로써 용도
지역의 기능을 증진시키고 미관, 경관, 안전 등을 도모하기 위하여 도
시, 군관리계획으로 결정하는 지역

- 용도구역: 토지의 이용 및 건축물의 용도, 건폐율, 용적률, 높이 등에

대한 용도지역 및 용도지구의 제한을 강화하거나 완화하여 따로 정함으로써 시가지의 무질서한 확산 방지, 계획적이고 단계적인 토지이용의 도모, 토지이용의 종합적 조정, 관리 등을 위하여 도시, 군관리계획으로 결정하는 지역

- 지구단위계획: 도시, 군계획 수립 대상지역의 일부에 대하여 토지이용을 합리화하고 그 기능을 증진시키며 미관을 개선하고 양호한 환경을 확보하며, 그 지역을 체계적, 계획적으로 관리하기 위하여 수립하는 도시, 군관리계획

- 도시, 군계획시설: 기반시설 중 도시, 군관리계획으로 결정된 시설

- 기반시설: 교통시설(도로, 철도, 항만, 항공, 주차장 등), 공간시설(광장, 공원, 녹지 등), 유통·공급시설(유통업무설비, 수도전기가스공급설비, 방송통신설비, 공동구 등), 공공·문화·체육시설(학교, 운동장, 공공청사, 문화시설, 체육시설 등), 방재시설(하천, 유수지, 방화설비 등), 보건위생시설(화장시설, 공동묘지, 봉안시설 등), 환경기초시설(하수도, 폐기물처리시설 등)

- 수도권정비계획: 수도권의 인구 및 산업의 집중을 억제하고 적정하게 배치하기 위하여 '국토종합계획'을 기본으로 하여 수립되는 계획

- 과밀억제권역: 인구와 산업이 지나치게 집중되거나 집중될 우려가 있어 이전하거나 정비할 필요가 있는 지역
- 성장관리권역: 과밀억제권역으로부터 이전하는 인구와 산업을 계획적으로 유치하고 산업의 입지와 도시의 개발을 적정하게 관리할 필요가 있는 지역
- 자연보전권역: 한강 수계의 수질과 녹지 등 자연환경을 보전할 필요가 있는 지역
- 수도권 공장입지제한: 국토교통부장관은 공장, 학교, 그 밖에 대통령령으로 정하는 인구집중유발시설(시행령 제3조)이 수도권에 지나치게 집중되지 아니하도록 하기 위하여 그 신설 또는 증설의 총허용량을 정하여 이를 초과하는 신설 또는 증설을 제한
- 공장설립온라인지원시스템(FactoryOn): 공장 관련 제반 업무를 온라인을 통해 표준화하고 기업 중심의 현실성 있는 산업정책 수립의 기초자료를 제공하기 위해 개발된 시스템
- 신설승인: 건축물을 신축하거나 기존 건축물의 용도를 공장용도로 변경하여 공장건축면적이 500m² 이상의 제조시설을 설치할 경우 「산

업집적활성화 및 공장설립에 관한 법률」(「이후 산업집적법」)산업집적
법 제13조에 의거 공장의 신설승인을 득하도록 규정
- 공장건축면적: 제조시설로 사용되는 기계 또는 장치를 설치하기 위
  한 건축물 각 층의 바닥면적과 제조시설로 사용되는 옥외 공작물의
  수평투영면적을 합산한 면적
- 제조시설 설치승인:「산업집적법」제14조3에 따라 미리 업종을 특정
  하지 아니하고 제13조의 규정에 의한 공장설립 등의 승인을 얻어 건
  축된 공장건축물 또는 등록이 취소된 공장건축물에 공장을 하기 위해
  서는 승인을 득하도록 규정
- 창업사업계획승인:「중소기업창업 지원법」제33조에 따라 창업자가
  공장설립을 하고자 하는 경우 득하는 승인
- 규모미만 등록:「산업집적법」에 의거하여 공장건축면적이 500m^2 미
  만인 공장이 등록한 경우
- 완료신고:「산업집적법」제13조 또는 제14조의3에 의해 승인을 받은
  공장이 공장건설을 완료하거나 제조시설 등의 설치를 완료하고 신고
  하는 경우(공장등록)

부록 3 | 아파트형공장 입주계약 필요서류

구분	분양, 양도, 임대, 경락자 (처분, 임대신고)		수분양, 양수, 임차, 경락자 (입주계약)
분양	- 처분신고서 - 분양계약서 사본	- 건물등기부등본 (발급용) - 집합건축물대장 (전유부)	- 입주계약신청서 - 사업계획서 - 입주계약서 2부 - 법인등기부등본
매매	- 처분신고서 - 매매계약서 사본		
임대	- 임대신고서 - 임대차계약서 사본		
경매	- 경락대금 완납증 명서		

입주업체 준수사항

- 처분, 임대는 공장등록, 사업개시 신고 이후에 가능
- 반드시 소유권 명도 이전 전에 처분신고서, 임대 시 임대신고서 제
출(입주가능 업종이 아닐 경우 처리 불가)
- 부동산 투기 방지를 위해 최초 산업단지 입주 시 부동산 임대업으
로는 입주 불가
- 경매의 경우 취득일로부터 1년 이내 신청, 경매 낙찰자가 입주가능
업종을 직접 영위해야 함
- 사업자등록(신규, 이전) 전에 반드시 관리기관과 입주계약 체결

부록 4 | 아파트형공장 입주가능업종

1) 제조업

한국표준산업분류상 제조업(10~33번)* 중 폐수 등의 환경유해물질을
배출하지 아니하는 도시형 공장 및 첨단업종
- 음식료, 섬유의복, 목재, 종이, 출판, 석유화학, 비금속, 철강, 기계, 전
 기, 전자, 운송장비, 기타

2) 정보통신산업

소프트웨어개발 및 공급업, 전기통신업, 컴퓨터프로그래밍, 시스템통
합 및 관리업, 자료처리, 호스팅 및 관련 서비스업, 데이터베이스 및 온
라인정보 제공업

3) 지식산업

환경정화 및 복원업, 출판업, 영화·비디오물 및 방송프로그램 제작업,
음악 및 기타 오디오 출판업, 무형재산권 임대업, 연구개발업, 광고대행
업, 옥외 및 전시광고업, 광고물작성업, 시장조사 및 여론조사업, 경영
컨설팅업, 건축기술·엔지니어링 및 기타 과학기술서비스업, 전문디자

인업, 번역 및 통역서비스업, 사업 및 무형재산권중개업, 물품감정·계량 및 견본 추출업, 사업시설 유지관리 서비스업, 보안시스템 서비스업, 콜센터 및 텔레마케팅 서비스업, 전시 및 행사대행업, 포장 및 충전업

부록 5 | 산업단지 내 입주 시 반드시 알고 있어야 하는 사항

1) 입주계약 시

가) 산업단지에 입주하여 제조업 또는 지식, 정보통신산업 등의 사업을 하려는 경우 산업단지를 관리하는 관리기관과 입주계약을 체결해야 한다.

나) 입주계약한 내용에 변경이 생겼을 경우에는 변경 내용에 대한 변경계약을 체결해야 한다.

다) 관리기관에 제출해야 하는 서류로는 산업단지입주계약신청서, 사업계획서(입주업체확인서와 입주계약서를 받을 수 있음)가 있다.

위반 시 벌칙

- 입주계약을 체결하지 않을 경우: 3년 이하의 징역 또는 3천만 원 이하의 벌금

- 변경계약을 체결하지 않을 경우: 1,500만 원 이하의 벌금

2) 입주계약 시

가) 입주업체는 제조시설 설치를 완료하고 2개월 이내에 공장설립완료신고서를 제출하고 관리기관 담당직원의 현장실사를 통해 공장등

록을 해야 한다.

나) 제조업이 아닌 경우에는 사업개시신고를 하면 된다.

다) 공장설립완료신고서(또는 사업개시신고서), 최종 건축물의 사용승인을 증명할 수 있는 서류를 관리기관에 제출한다.

위반 시 벌칙

– 공장등록(또는 사업개시신고)을 하지 않거나 거짓으로 신고하는 경우: 500만 원 이하의 과태료

3) 임대신고 시

가) 공장등록(또는 사업개신신고)을 마친 후에는 산업용지 및 공장건물을 임대할 수 있다.

나) 일부임대: 공장등록(또는 사업개시신고) 후에 입주계약에 따른 사업을 하면서 공장 등 일부를 임대할 경우 임대신고를 해야 한다.

다) 전부임대: 공장등록(또는 사업개시신고) 후에 전부를 임대할 경우 임대사업자로 입주계약을 체결해야 한다.

라) 임차인은 별도의 입주계약과 공장등록(또는 사업개시신고)을 해야

한다.

마) 임대신고서, 임대차계약서 사본을 관리기관에 제출한다.

위반 시 벌칙

- 신고 없이 임대를 줄 경우: 500만 원 이하의 과태료

4) 처분신고 시

가) 공장등록(또는 사업개시신고) 후 5년 이상 경과한 후에 분양받은 산업용지 또는 건축물을 처분할 때는 관리기관에 처분신고를 해야 한다.

나) 만약 공장등록(또는 사업개시신고) 후 5년이 지나지 않았다면 관리 기관과 처분신청이라는 별도의 절차를 통해서 매각을 진행한다.

다) 양수자는 별도의 입주계약과 공장등록(또는 사업개시신고)을 해야 한다.

위반 시 벌칙

- 처분신고 없이 공장 또는 산업용지를 양도할 경우: 500만 원 이하의 과태료

- 공장등록(또는 사업개시신고) 이전 또는 등록 후 5년 미만 시에 산업용

지 또는 공장을 무단으로 양도할 경우: 5년 이하의 징역 또는 5천만 원

이하의 벌금

부록 6 | 아파트형공장 분양 시 혜택

1) 일반혜택

- 공용관리비 평당 5천 원내외(현장 및 물건에 따라 다름)

- 관리비 + 월이자 = 현 사무실 임대료(현재 납부하고 있는 사무실 임대
  료와 동일한 수준으로 아파트형공장을 소유하여 금융비용(이자)과 관리비를
  합한 금액 수준으로 소유 가능)

2) 금융혜택

- 분양금액의 최대 70~80% 이내의 정책자금 및 일반자금 융자지원
  (일반자금은 신용도에 따라 다를 수 있음)

- 경기도의 경우에는 중소기업 육성자금: 기금융자 3.0%(변동금리),
  3년 거치 5년 균등분할상환 가능(사전에 조건 확인 필요)

- 중소기업진흥공단: 기준금리 2.3%(변동금리, 업체별 차등적용), 3년
  거치 5년 균등분할(사전에 조건 확인 필요)

3) 세제혜택

- 취득세(등록세, 농특세, 교육세 포함 4.6%) 중 50% 감면

- 재산세 5년간 37.5% 감면(상기 감면율은 2019년 12월 31일까지 적용

되며, 「지방세특례제한법」 개정에 따라 변경될 수 있으니 사전에 조건 확

인 필요)

4) 분양대금 납입 방법 예시

구분	계약금	1차 중도금	2차 중도금	3차 중도금	4차 중도금	잔금
금액	10%	10%	10%	10%	10%	50%
일정	계약 시	무이자대출 (예정)	무이자대출 (예정)	무이자대출 (예정)	무이자대출 (예정)	입주 시 융자

부록 7 | 아파트형공장 관련 정책자금 안내

경기도 중소기업 육성자금

구분	
구분	창업 및 경쟁력 강화자금 중 아파트형공장 등 입주비용(분양, 매입)
신청자격	아파트형공장 입주 권장업을 영위하는 기업이면 누구나 가능
융자범위	분양금액의 80% 이내(업체당 15억 원 이내) 시설자금
상환조건	3년 거치 5년 분할상환
금리	기금융자 3.0%(변동금리) 및 은행융자 이차보전(평균 1.25%)

중소기업진흥공단 지원자금

구분	중소창업지원자금	신성장기반자금
신청자격	- 「중소기업창업지원법」 제2조에 의한 창업자로서 같은 법 제3조에 따라 창업에서 제외되는 업종을 영위하지 않는 중소기업 - 사업 개시일로부터 7년 미만(신청, 접수일 기준)인 중소기업 및 창업을 준비 중인 자	- 「중소기업기본법」상의 업력 7년 이상 중소기업, 한중FTA에 취약업종 영위기업, 인재육성형 기업, 글로벌진출기업 - 업력 4년 이상, 최근 3년 평균매출액 10억 원 미만의 기초소재형 및 가공조립형 산업을 영위하는 기업
융자범위	분양자금의 70% 미만, 매출액의 150% 내에서 지원(45억 원 이내)	분양자금의 70% 미만, 매출액의 150% 내에서 지원(45억 원 이내)
상환조건	3년 거치 5년 분할상환	3년 거치 5년 분할상환
금리	정책자금 기준금리와 동일	정책자금 기준금리에서 0.5% 가산

일반자금

구분	시중은행 시설자금
신청자격	지정은행 및 주거래은행
융자범위	분양자금(부가세 제외)의 70~90%(신용도에 따라 차등적용)
상환조건	거치기간 포함 8년 내(거치기간 연장가능)
금리	연 2% 초반~신용도에 따라 차등적용(변동금리)

부록 8 | 아파트형공장 공장등록(제조업), 사업개시(비제조업) 신고 방법

산업단지 입주계약 체결 후 제조업은 기계, 장치의 설치를 완료한 날로부터 2개월 이내에 공장설립완료신고를, 비제조업은 1년 이후부터 사업개시 신고를 할 수 있으며 현장 실사 시 매출증빙자료 등 사업운영실적 자료가 필요하다. 서류 제출 시 참고할 내용은 다음과 같다.

1. 포털사이트에 '산업단지 입주안내'를 입력하면 한국산업단지공단 입주안내 블로그(blog.naver.com/kicox12)에 쉽게 접속할 수 있으며, 관련 정보를 확인할 수 있다.
2. 한국산업단지공단 블로그의 상단메뉴에서 '서울지역'을 클릭한 후 해당 페이지 하단에서 '서울산업단지블로그 바로가기'를 클릭하면 필요한 제출서류를 확인하고 소정양식을 다운로드할 수 있다.
3. 통계청 통계분류포털(kssc.kostat.go.kr)에서 업종코드를 검색할 수 있다.
4. 서류와 함께 개인사업자는 대표자 도장, 법인사업자는 법인인감 또는 사용인감을 지참(서류 정정 또는 민원양식상의 날인 누락 시 필요)해 한국산업단지를 방문한다.

참고문헌

경기개발연구원 〈2009 경기도 아파트형공장 활성화 및 제도개선 방안〉

도시행정학보 〈2013 첨단산업클러스터로서 서울디지털산업단지의 성
장요인 및 한계에 관한 연구〉

서울도시연구원 〈2009 아파트형공장 제도개선에 관한 연구〉

한국도시행적학회 〈2009 도시지역 공장재개발수단으로서 아파트형공
장에 관한 연구〉

한국산업단지공단 〈2016 한국산업단지총람〉

한국산학기술학회 〈2016 아파트형공장의 대지 형태와 공개공지 배치
계획요소에 관한 연구〉

한국지역지리학회 〈2009 아파트형공장의 입지 및 정책요인이 입주의
사에 미치는 영향〉

한국지역지리학회 〈2012 서울디지털산업단지의 진화와 역동성〉

한국토지주택공사 〈2016 공공아파트형공장 건립방안에 관한 연구〉

나는 아파트형공장 투자로
100억대 자산가가 되었다

초판 1쇄 발행 2018년 8월 20일
초판 5쇄 발행 2020년 11월 20일

지은이 | 도정국 엄진성
감수자 | 정창균
펴낸곳 | 원앤원북스
펴낸이 | 오운영
경영총괄 | 박종명
편집 | 최윤정 김효주 이광민 강혜지 이한나
디자인 | 윤지예
마케팅 | 송만석 문준영
등록번호 | 제2018-000146호(2018년 1월 23일)
주소 | 04091 서울시 마포구 토정로 222 한국출판콘텐츠센터 319호(신수동)
전화 | (02)719-7735   팩스 | (02)719-7736
이메일 | onobooks2018@naver.com   블로그 | blog.naver.com/onobooks2018
값 | 14,000원
ISBN 979-11-89344-06-1   03320

이 도서의 국립중앙도서관 출판예정도서목록(CIP)은 서지정보유통지원시스템 홈페이지(http://
seoji.nl.go.kr)와 국가자료종합목록 구축시스템(http://kolis-net.nl.go.kr)에서 이용하실 수 있습니
다.(CIP제어번호 : CIP2018024204)